Widmung

Dieses Buch ist meinen Eltern, Ken & Alice Klemmer gewidmet, die all das waren, was man sich als Kind wünschen konnte. Ich danke meiner Frau Roma und unseren drei Kindern Kelly, David und Krystal, sie sind Gottes größter Segen und gehören zu den besten Lehrern, die einen Beitrag zu diesem Buch geleistet haben. Danken möchte ich Mark Victor Hansen, Bestsellerautor der Hühnersuppe für die Seele (Chicken Soup for the Soul) Bücher, und John Gray, Bestsellerautor von Männer sind vom Mars, Frauen von der Venus. Trotz ihres Megastar-Status haben sie mich mit ihrem Glauben an mich unterstützt und mir immer wieder Zeit geschenkt. Vielen Dank auch Lance Giroux von Allied Ronin, die mich nicht nur in diese Arbeit eingeführt hat sondern mir seit 1968 eine gute Freundin ist. Dank gebührt auch meinem Mentor Tom, der 1983 verstorben ist und der mir das meiste über diese Arbeit beigebracht hat. Danke Tony Giovanni für die technische Unterstützung bei der Realisierung dieses Buches und dafür, dass du dich nie beklagt hast, wenn ich etwas von dir wollte oder nachträglich Änderungen anbrachte. Vielen Dank allen Kunden, die auf K&A gesetzt haben und den vielen tausenden Teilnehmern an unseren Seminaren, die mir Hoffnung geschenkt haben durch ihre Bereitschaft, Mittel und Wege zu mehr Erfolg zu erforschen und anderen dabei zu helfen, es ihnen gleich zu tun. Schließlich danke ich allen Menschen, die K&A groß gemacht haben und sich engagieren für "Eine Welt, die für alle funktioniert und bei der niemand draußen bleibt".

Brian Klemmer

*Würde
gewusst wie reichen,*

**wären wir alle
schlank, reich und
glücklich!**

Brian Klemmer

Klemmer, Brian:
Würde "gewusst wie" reichen,
wären wir alle schlank, reich und glücklich!
ISBN 3-902114-06-1

Deutsche Erstauflage 2002

Titel der amerikanischen Originalausgabe:
"If how-to's were enough – We would all be skinny, rich and happy!"
Klemmer, Brian

Aus dem Amerikanischen übersetzt von Jürgen Schilling.

Herausgegeben von:
DMC Productions
Verlag für Network Marketing Publikationen
A-6424 Silz, Sattlergasse 3, Austria

Weitere Publikationen über Network Marketing erhalten Sie bei:

Printed in Europe

Satz & Layout: Christian Schediwetz
Cover Design: Mike Fitts

Inhaltsverzeichnis:

Vorwort

Willkommen auf der Reise zu Persönlichem Wachstum, das man auch Persönliche Meisterschaft nennen kann. Es ist eine Reise, die jeden Tag neu beginnt und nie endet. Es ist die faszinierende Erforschung unserer Selbst - wie wir das Spiel des Lebens spielen und wie unsere Entscheidungen zu Ergebnissen führen. Diese Reise ist für jeden da... aber nur wenige entscheiden sich dafür.

Sie sind heute morgen aufgestanden, haben Ihre Morgenrituale hinter sich gebracht und sich an die Aufgaben des Tages gemacht. Egal, ob Sie ein riesengroßes Unternehmen führen oder sich um ein kleines Kind kümmern, Sie müssen im Laufe des Tages unzählige Entscheidungen fällen. Welche Entscheidungen und Verhaltensweisen verhindern die Ergebnisse, die Sie sich wirklich wünschen? Wer den Weg Persönlicher Meisterschaft geht, entdeckt, was hinter jenen Entscheidungen steckt, die seinen wirklichen Wünschen entgegen stehen - dem, was Sie wirklich wollen. Der Weg Persönlicher Meisterschaft befähigt Sie dazu, andere Entscheidungen zu treffen. Wie Sie sicherlich wissen, ist das nicht immer leicht. Man braucht Mut dazu und Engagement. Ihre Ziele müssen Ihnen wirklich wichtig sein, so dass Sie sich durch die unangenehmen Empfindungen nicht beirren lassen, die zu jedem echten persönlichen Wachstum gehören. Aber es lohnt sich wirklich sehr. Das Leben erfüllt sie weit mehr, macht weniger Stress und viel mehr Spaß. Sie sind in der Lage, Ihre Ziele zu erreichen und neue ins Auge zu fassen.

Klingt interessant? Ist es auch. Es ist die erklärte Absicht dieses Buches, Ihnen dabei zu helfen, Meisterschaft über Ihr Leben zu erlangen und den Erfolg zu haben, den Sie sich wünschen, und zwar zu Ihren Bedingungen. Ich preise mich glücklich und fühle mich geehrt, Ihnen mitteilen zu dürfen, was ich, mit Hilfe aller, die ihn vor mir gegangen sind, auf diesem Weg gelernt habe.

Ich begrüße Ihre Bereitschaft, offen zu sein, Ihren Mut, Ihre Grundüberzeugungen zu erforschen und zu hinterfragen: Wer Sie sind, was Sie vom Leben halten, was Erfolg für Sie ist und was Ihrer Meinung nach notwendig ist, um Erfolg zu haben. Denn es braucht Mut.

Hier ein paar Empfehlungen, damit Sie dieses Buch optimal nutzen können:

• Nehmen Sie sich Zeit, die Informationen zu verdauen und ihre Bedeutung immer wieder zu überprüfen. Wenn Sie das Buch auskosten statt es in sich hinein zu schaufeln, haben Sie mehr davon. Ihr Erfolg hängt nicht davon ab, wie schnell Sie das Buch lesen sondern wie sehr sich Ihre Ansichten oder Überzeugungen ändern.

• Machen Sie Notizen. Wenn persönliche Erfahrungen eine Geschichte oder Zeile bestätigen, schreiben Sie etwas in die Marge. Beim ersten Lesen, können Sie wichtige Sachen mit einer Farbe unterstreichen. Beim nächsten Mal heben Sie, was Sie besonders anspricht, vielleicht mit einer anderen Farbe hervor. So verleihen Sie Ihren Gefühlen Ausdruck, und das bestärkt Sie wiederum bei Veränderungen.

• Ausdauer. Einen Garten gießt man am besten nach und nach, statt ihn zu fluten. Planen Sie, wann und was Sie im kommenden Monat lesen - und halten Sie sich daran.

• Achten Sie auf Ihre Reaktionen. Es hilft Ihnen kaum, dem Ganzen pauschal zuzustimmen oder es abzulehnen. Erst die wirkliche Auseinandersetzung mit neuen Standpunkten wandelt Ihr Denken. Dieses Buch hat die Prämisse: "Denken heißt, etwas zu erschaffen." Wenn das stimmt und Sie etwas Neues möchten - wenn Sie eine bessere Ehe, ein größeres Einkommen, eine engere Beziehung zu Gott, mehr Selbstvertrauen; was auch immer haben wollen - dann erfordert dieses Neue auch neues Denken und neue Ansichten. Was in mir und meinem Leben stattfindet, zeigt, wie weit ich diese Prämisse verstanden habe. Mein Mentor lehrte mich: "Es gibt kein gerechteres Urteil als die faktischen Ergebnisse, die man erzielt - das mag hart sein, ist aber immer gerecht." Gestatten Sie diesem Buch also, Ihr Verständnis des Satzes zu vertiefen: "Denken heißt, etwas zu erschaffen."

• Wenden Sie es an. Engagieren Sie sich. Sie werden sehen, dass "Denken heißt, etwas zu erschaffen" keineswegs eine "Kopfgeburt" ist sondern vielmehr ein aktiver Prozess. Wenn Sie Ihr Verständnis anwenden und es "leben", wird das Leben Ihnen antworten; lesen Sie das Buch anschließend aufs Neue - und wenden Sie Ihre neue, andere Sichtweise an.

"99% all Ihrer Entscheidungen werden nicht von Ihnen gefällt - Ihre Programme fällen sie und Sie glauben dann, Sie hätten Sie selbst gefällt."

Kapitel Eins

Das Geheimnis

Die Frage: **Ist Erfolg wirklich so kompliziert, oder ist Ihnen nur etwas Wichtiges entgangen?**

Die meisten Menschen sind bei der Suche nach Verbesserungen eigentlich nur auf Techniken oder Fähigkeiten aus, auf das "Gewusst wie." Sie wollen reich werden, also sehen sie sich nach jemandem um, der ihnen beibringt, "wie" man das am Besten macht. Sie wollen ihre Ehe besser machen, also suchen sie nach dem Wie. Das Gleiche gilt für den Wunsch, Gewicht zu verlieren. Auch, wer seine Beziehung zu Gott ändern möchte, möchte wissen "wie." Egal, was oder wobei Leute besser werden wollen - beim Sport, als Verkäufer, als Eltern, als was auch immer - sie suchen immer danach, "wie" sie das anstellen sollen. Problematisch ist nur, dass es so nicht funktioniert. Wenn "Gewusst wie" reichen würde, könnte jeder Spitzenverkäufer anderen beibringen, wie man gut verkauft und schon bald wären alle Spitzenkräfte. Man könnte einen guten Studenten bitten, anderen beizubringen, wie man das macht und schon bald wäre die Uni voller hervorragender Studiker. Oder man bäte einen blendenden Manager, anderen zu erklären, wie er das macht, und schon bald wären alle gleichermaßen spitze. Wenn "Gewusst wie" reichen würde, wären wir alle schlank, reich und glücklich.

Aber in Wahrheit tun Menschen nicht das, was man ihnen sagt. Und sie tun auch die Dinge nicht, von denen sie wissen, dass sie gut für sie wären. Menschen verhalten sich vielmehr ihren Grundüberzeugungen oder ihrem unbewussten Denken entsprechend. Anders gesagt: 99 % Ihrer Entscheidungen fällen Sie nicht selbst. Vielmehr trifft Ihr unbewusstes Denken die Entscheidungen, von denen Sie glauben, Sie hätten sie getroffen. Diese erstaunliche Tatsache ist das größte Geheimnis aller Zeiten.

Wenn Sie mehr Freiheit wollen, müssen Sie Ihre Überzeugungen überprüfen und wie diese Ihr Leben beeinflussen. Freiheit ist die Fähigkeit, dorthin zu gehen, wo Sie hingehen möchten, und zwar zu jedem von Ihnen gewünschten Zeitpunkt, also nicht wenn jemand anderes es Ihnen gestattet, oder auch nicht. Es ist die Fähigkeit, das zu haben, was Sie haben wollen, und das nicht erst wenn Ihr Portemonnaie oder Ihr Konto es Ihnen gestattet. Es ist die Fähigkeit zu tun, was Sie tun wollen, und zwar dann, wenn Sie es wollen. Und ganz besonders ist es die Fähigkeit, das zu sein, was Sie sein wollen, und zwar zu einem von Ihnen gewählten Zeitpunkt. Freiheit ist das Resultat weiser Entscheidungen, die von unserem Unterbewussten für uns gefällt werden. Frei wählen und entscheiden zu können ist also das Resultat weiser Entscheidungen.

Wenn es stimmt, dass 99 % - oder auch nur ein Großteil - aller Entscheidungen von unserem Unterbewussten gefällt werden, dann haben wir keinerlei Einfluss und frei zu sein wäre wie ein Hauptgewinn im Lotto. Über welche Entscheidungen wir hier sprechen? Über alle: Die Entscheidung, wie Sie mit Ihren Kindern kommunizieren oder nicht. Über die Entscheidung, wie Sie verkaufen oder ob Sie überhaupt etwas verkaufen wollen. Über Entscheidungen, wie der Ankauf dieses Buches. Die Entscheidung, wie Sie sich jetzt fühlen. Entscheidungen, wie die, ob Sie einen Job haben, selbstständig sind oder investieren. Entscheidungen wie die, ob Sie rechtzeitig kommen oder spät dran sind. Allerlei Entscheidungen. Einige davon sind Ihnen bewusst. Damit meine ich, dass Sie sie bewusst wahrnehmen. Manche Entscheidungen fallen, ohne dass Ihnen das bewusst wird. Das sind die Entscheidungen, die Sie erforschen sollten, wenn Sie mehr Freiheit wollen und sich ein Leben schaffen möchten, dass Sie Ihrer Meinung nach gerne führen würden.

Mal angenommen, ich wäre mit einer grünen Sonnenbrille auf der Nase geboren. Klar, das sähe ziemlich verrückt aus. Also nehmen wir an, ich trüge sie seit Ewigkeiten. Wenn ich diese Buchseite anschaue, würde

ich also sagen, sie sei grün. Würden Sie mich darauf aufmerksam machen wollen, dass die Seite weiß sei, würde ich antworten, dass Sie schief gewickelt sind und nicht wüssten, wovon Sie reden und mal zum Augenarzt gehen sollten. Ich würde nirgends etwas Weißes sehen, auch wenn ich das wollte. Es wäre schlicht unmöglich. Wenn ich nun entdecken würde, dass es so etwas wie Sonnenbrillen gibt und sie suchen würde, würde ich vielleicht entdecken, dass ich eine auf meiner Nase habe. Und wenn ich sie dann absetzen würde, sähe ich innerhalb weniger Sekunden genau das, was ich bis kurz zuvor nicht sehen konnte - weiß. Wenn Ihnen jemand erzählt, dass Sie mehr Geld verdienen, eine Arbeit in der Hälfte der Zeit erledigen oder ein Beziehungsproblem lösen könnten, ist das nicht wirklich anders. Obwohl wir uns vielleicht etwas wünschen, halten wir es nicht für möglich. Robert Kiyosaki, Autor des Bestsellers Reichtum kann man lernen sagt, Sie könnten Multimillionär sein. Er weiß, dass das so ist. Er schaffte es in nur 5 Jahren vom Obdachlosen zum Millionär. Allerdings glauben die meisten seiner Zuhörer nicht, dies träfe auch für sie zu. Peggy Long, eine außerordentlich erfolgreiche Frau in einem Network-Marketing-Unternehmen ist eine gute Freundin und Kundin. Sie sieht sich jemanden an und weiß, dass er oder sie das Zeug dazu hat, finanziell unabhängig zu sein, aber der oder die Betreffende selbst sieht das nicht, auch wenn er oder sie das gerne will. Der Schlüssel ist, die Brille zu suchen, die es Ihnen unmöglich macht, jene Lösungen zu sehen, die Ihnen bereits vorschweben. Genau aus diesem Grund kann man Erfolg meist nicht lehren. Man muss die Dinge, das Leben anders "sehen" (nicht intellektuell), sie tatsächlich anders erleben. Und genau dabei helfen wir den Leuten bei unseren Workshops "Persönliche Meisterschaft", ob diese nun in einem

Betrieb stattfinden oder für alle offen sind.

Oder anders: Mal angenommen, Sie leben in Kansas City und hätten mich in Dienst genommen, um Ihre Firma zu beraten. Sie schicken mir eine Karte und Anweisungen, wie ich Ihr Büro finde. Nur hat Ihr Drucker - was Sie nicht wissen - etwas falsch ausgedruckt. Die Karte, die Sie mir geschickt haben, ist von Minneapolis, obwohl Kansas City drauf steht. Wenn ich nun am Flughafen in mein Mietauto steige und versuche, Sie zu finden: Was würde geschehen? Ich würde verloren gehen und wäre frustriert und verwirrt. (So fühlen sich viele Menschen, die vorwärts kommen wollen.) Die Schilder stimmen einfach nicht und ich kann die Straße nicht finden. Also rufe ich Sie per Handy an und sage, dass es nicht läuft.

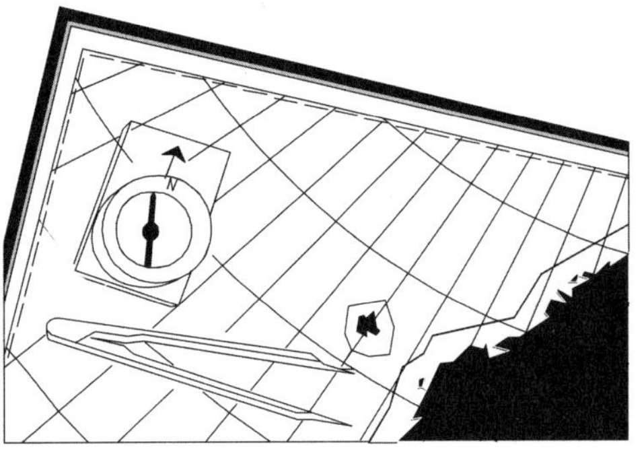

Nun mal angenommen, Sie verfügten über eine Art Straßenatlas, wie die Welt funktioniert. Sie entnehmen ihr, dass man nur mit harter Arbeit vorankommt. (Sie kennen wahrscheinlich Leute, die das denken.) Sie würden mir dann erklären, dass ich lediglich auf die Tube drücken muss - also härter arbeiten sollte. Ich lasse mich gerne beraten und sage also: "Okay." Und nun fahre - arbeite - ich doppelt so hart wie zuvor. Und was geschieht? Ich werde geblitzt und bekomme eine Buße. Ich bin immer noch verloren und ziemlich frustriert. Ich rufe Sie an und schimpfe Sie aus. Und nun mal angenommen, Sie hätten eine andere Karte der Welt, die Ihnen sagt: "Die innere Einstellung ist der Schlüssel." Haben Sie das schon mal gehört? Oder: "Die Haltung entscheidet, wie hoch man aufsteigt." Sie wissen schon. Sie würden mir also sagen: "Brian, ich kenne dein Problem. Du hast eine schlechte Einstellung." "Du hast recht, verdammt noch mal," würde ich antworten, "ich habe ein schlechte Einstellung." Sie würden mich wieder beruhigen und mir ein Buch über positives Denken empfehlen. Ich lasse mich ja beraten und habe auch einen Kurs Schnelllesen gemacht, also lese ich das Buch. Und dann fahre ich los. Was geschieht? Ich bin immer noch verloren, nur macht es mir jetzt nichts mehr, weil ich ja eine positive Einstellung habe! Aber den Weg zu Ihrem Büro habe ich immer noch nicht gefunden. Das Problem ist die Landkarte. Ich habe die falsche Karte von diesem Ort. Nun; was wäre wenn Sie die falsche Karte haben, wer Sie eigentlich sind? Oder was Engagement ist? Oder was Verantwortung ist? Dann können Sie hart arbeiten, eine positive Einstellung haben und verwirklichen dennoch Ihre Träume nicht.

Viele Leute meinen, sie hätten die richtige Landkarte. Stimmt das? Wenn Sie nicht die gewünschten Ergebnisse erzielen, haben Sie nicht die richtige Karte für den entsprechenden Bereich. Das heißt allerdings nicht, dass Sie falsch liegen. Im Gegenteil. Gott macht keine Fehler. Sie haben nur die falsche Landkarte. Mal angenommen, Sie hatten genauso fantastische Eltern wie ich. Sie haben also eine Karte für gute Elternschaft. Es ist keine Theorie für Sie. Sie haben es erfahren. Nur hat sich die Welt inzwischen geändert. Als ich Teenager war, gehörte es zu den wichtigen Problemen, welches Mädchen ich küssen durfte. Im Moment habe ich zwei Söhne im selben Alter (und eine 12-jährige Tochter). Zu ihren Problemen gehört, ob ich ein Bisschen Koks auf einer Party akzeptiere - nicht, welches Mädchen sie küssen dürfen (vielleicht aber auch das!). Die Welt hat sich geändert und daher funktioniert die Landkarte, die bei meinen Eltern funktioniert hat, bei mir und meinen Kindern nicht mehr. Vielleicht hat es in meiner Kindheit funktioniert, nicht allzu früh über Sex zu reden. Aber im Zeitalter von AIDS und Geschlechtskrankheiten funktioniert das nicht mehr. Und genau aus diesem Grund funktioniert es nicht, wenn Sie nur jemandem nachahmen, der Erfolg hat. Ja, erfolgreiche Menschen nachzuahmen ist eine gute Technik. Aber vielleicht sind Sie anders als der Betreffende oder in einer

Lage, die nach einer anderen Landkarte verlangt. Aus diesem Grund können zwei Personen in unseren Seminaren die selbe Übung machen und zu gänzlich anderen Ergebnissen kommen. Sie entdecken verschiedene Brillen oder Landkarten.

Aber eine interessante Tatsache bleibt. Wie lange braucht man, um eine Sonnenbrille abzusetzen? Ein paar Sekunden höchstens. Sie können also ganz schnell große Fortschritte machen. Das braucht nicht lange zu dauern. Ich habe tausende Male gesehen, wie Einkommen scheinbar mirakulös wuchsen, Beziehungen sich besserten, Menschen gesünder wurden, und das nur nach der Arbeit eines einzigen Wochenendes.

Eine der wichtigsten Karten - und das ist eigentlich eine ganze Kartensammlung - heißt: "Wer bin ich?" Was Sie Ihrer Meinung nach sind, ist meist wichtiger, als das, was Sie in Wirklichkeit sind. Als erster Schritt bei der Erforschung dieser Frage hier ein Modell dessen, was wir gerade besprochen haben.

Denken Sie an eine bunte Kaugummikugel. Die Farbe außen ist das Verhalten. Dann folgt der weiße Zuckerlack: Die Gefühle. Der Kaugummi sind dann Ihre Gedanken - Ihr unbewusstes Denken. Und ganz innen stecken Sie!

Schauen Sie sich das Bild genauer an. Zunächst einmal: Sind Sie Ihr Verhalten? Ich würde Nein sagen. Aber einige Menschen sind so programmiert - sind auf einer tiefen Ebene davon überzeugt - dass sie ihr Verhalten oder ihr Job oder ihre Ergebnisse sind. Ein Beispiel: Vater oder Mutter erwischen ihr Kind dabei, wie es Süßigkeiten stiehlt und sagen: "Du bist ein böser Junge / ein böses Mädchen." Das Kind könnte sich nun sagen - obwohl das nicht notwendigerweise geschieht: "Ich habe etwas Schlechtes getan und Mutter sagt, dass ich schlecht bin. Ich bin mein Verhalten." Das Problem dieser Brille ist, dass Ihr Selbstbewusstsein nun einem Jojo gleicht. Wenn Sie sich gut verhalten geht es nach oben und wenn Sie sich schlecht verhalten oder schlechte Ergebnisse erzielen, geht es nach unten. Wenn Sie Ihr Verhalten hingegen wie eine Art Jacke betrachten, dann ziehen Sie es lediglich an. Es hat nichts damit zu tun, wer Sie sind. Jetzt können Sie eine hohe Meinung von sich haben, ungeachtet der Umstände. Sind Sie Ihre Gefühle? Wiederum würde ich behaupten: Nein. Wenn das Verhalten eine Jacke ist, dann sind Gefühle wie ein Hemd oder eine Bluse. Das Eine beeinflusst natürlich das andere, wie bei der Kaugummikugel.

Angenommen, Mary und Sally gehen gerne tanzen. Meistens Freitagabends. Sally hatte einen schlechten Tag auf der Arbeit und Mary ruft an und fragt, ob sie mitgeht. Sally sagt nun vielleicht: "Nein, heute ist mir nicht danach." Ihre Gefühle bestimmen ihr Verhalten. Nun besteht Mary aber darauf, dass sie wie verabredet mitkommt und sie tanzen ein paar Stunden, obwohl Sally nicht danach war. Und wie fühlt sie sich jetzt? Viel besser! Sie änderte das Verhalten und das hat ihre Gefühle geändert. Wenn Sie sich also mal nicht so gefühlt haben, wie Sie sich fühlen wollten oder jemand sagen hörten: "Sie müssen Ihre Einstellung ändern," dann wissen Sie, was Sie tun müssen. Ändern Sie Ihr Verhalten. Gehen Sie spazieren, singen Sie ein Lied, springen Sie auf und ab. Machen Sie etwas. Das ist eine Änderung von außen nach innen.

Nur gibt es da ein Problem. Das neue Gefühl ist nicht von Dauer. Aus eben diesem Grund funktionieren Motivationsseminare mit inspirierenden Ansprachen auf Dauer nicht. Was Ihr Verhalten festlegt und wie Sie sich fühlen hängt zu 99% von Ihrem unbewussten Denken ab. Sich von außen nach innen zu ändern ist relativ leicht, aber sehr kurzlebig. Sich von innen nach außen zu ändern ist schwer, hält aber langfristig. Das soll nicht heißen, dass es nicht wichtig wäre, sich von außen nach innen zu ändern. Manchmal muss es schnell gehen. Wenn Sie sich gerade mit Ihrem Partner zuhause gestritten haben und auf dem Weg zu einem wichtigen Abschluss oder Management-Meeting sind, brauchen Sie auf die Schnelle etwas, das Ihnen hilft. Springen Sie auf und ab und rufen Sie: "Ich bin begeistert!" Das fühlt sich vielleicht ein wenig verrückt an, aber Sie werden sich besser fühlen und bessere Entscheidungen fällen, einen besseren Abschluss machen oder einfach effektiver arbeiten. Sie müssen nur wissen, dass es nicht von Dauer ist. Für einen längerfristigen Wandel müssen Sie Ihre Brillen oder Landkarten suchen, also Ihre unbewussten Überzeugungen. Wenn Sie erst einmal die Farbe Weiß gesehen haben, können Sie nie wieder behaupten, sie würde nicht existieren. Es ist eine Offenbarung. Ich habe eine Plakette, die mir vor vielen Jahren geschenkt wurde. Darauf ein Wirrwarr von Streichhölzern. Meine Freunde lachten. "Siehst du es denn nicht?" Ich kämpfte und war frustriert, weil es einfach aussah wie ein Haufen Streichhölzer. Dann zeigten sie mir, dass sie die Buchstaben JESUS formten, wenn man richtig hinguckte. Da sah ich es auch! Wenn ich mir die Plakette heute ansehe, kann ich nicht übersehen, was es heißt - ich kann es nicht mehr vergessen. Und wenn wir eine andere Brille aufsetzen, ist es genauso. Wenn Sie erst einmal den Schleier der Brille durchdrungen haben, sieht alles anders aus.

"Auf diesem Fels steh ich – möge die ganze Welt sich mir anpassen."

WILLIAM PENN PATRICK

Kapitel Zwei

ERGEBNISSE
Die Formel der Sieger

Die Frage: Kommt etwas anderes heraus als das, was Sie wollen?

Die Geschichte

Es war einmal ein Junge namens Aladin. Als er eines Tages den Sand am Strand ein Bisschen aufwirbelte, stieß er auf eine alte Lampe. Voller Neugier nahm er sie mit nach Hause. Stundenlang säuberte er sie vom Jahrhunderte alten Dreck und rückte dem feinen Rest schließlich mit seiner Zahnbürste zu Leibe. Auf einmal erschien ihm ein Dschinn, der sagte: "Dein Wunsch ist mir Befehl!" Aladin staunte sehr und beschloss, den Dschinn auf die Probe zu stellen und forderte einen Big Mac. Sofort war der Dschinn damit zur Stelle. Überrascht verlangte er etwas größeres: Ein Kamel. Als der Dschinn auch diesen Wunsch prompt erfüllte, war er ganz aus dem Häuschen. Er wünschte sich nach und nach alle normalen materiellen Güter: Ein Haus, Kleidung, Geld, usw.. Dann stellte er seine Lampe ins Regal und machte eine Kreuzfahrt um die Welt. In der Zwischenzeit begann eine der Hausdienerinnen das Haus zu reinigen, weil sie Eindruck auf ihn machen wollte. Ein Händler rief: "Lampen zu verkaufen, Lampen zu verkaufen." Da sie den Wert der magischen Lampe nicht kannte, beschloss sie, diese gegen eine neuere einzutauschen. Als Aladin nach vielen Monaten von der Kreuzfahrt zurückkam, suchte er als erstes seine Lampe. Als er sie nicht finden konnte, geriet er in Panik. Er rief die Bediensteten

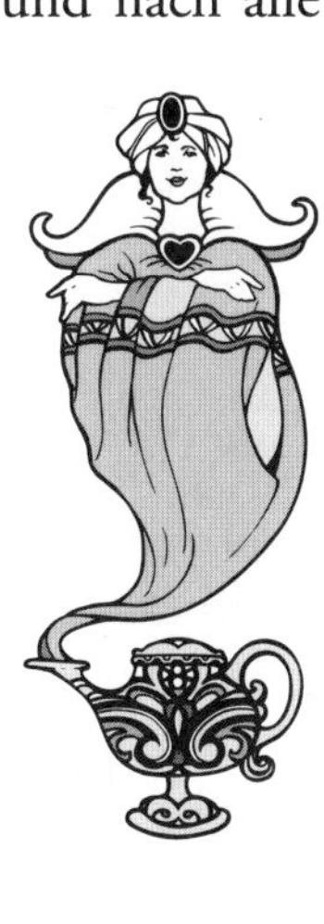

und fragte sie, ob sie wüssten, wo die Lampe geblieben sei. Die Dienerin berichtete stolz, was sie getan hatte. Aladin fiel zu Boden und weinte herzzerreißend. Dann schwor er, den Rest seines Lebens nach der Lampe zu suchen und sie nie mehr aus den Augen zu lassen, falls er sie finden würde. 10 Jahre lang suchte er. Als er sie schließlich in einem Laden entdeckte, war er verarmt. Weil er sie sich nicht leisten konnte, bot er dem neuen Eigentümer der Lampe an, ein Jahr lang dafür zu arbeiten. Dieser war, da er den Wert der Lampe nicht kannte, einverstanden. Nach einem Jahr - er fegte den Boden, schloss den Laden ab und machte, was der Eigentümer von ihm wollte - gehörte ihm die Lampe schließlich wieder. Er ließ sie nie mehr aus den Augen, schützte sie vor Freund und Feind und sparte dabei weder Kosten noch Mühe.

Diese Fabel lehrt uns vieles. Die Siegerformel, von der ich Ihnen jetzt berichten werde, ist genau so eine Wunderlampe wie die, die Aladin einst besaß.

Die Lektion

Sind Sie bereit, ein ganzes Jahr, viel Energie und tausende Euro aufzuwenden, diese Formel zu erwerben? Aladin brauchte Zeit und Energie, um die Lampe zu reinigen und später, um sie sich zurück zu verdienen, als er kein Geld mehr hatte. Auf dieser Welt gibt es nichts umsonst. Sie werden hart daran arbeiten müssen, die Formel zu verstehen und sie so anzuwenden, dass sie Ergebnisse produziert. Haben Sie sie erst einmal verstanden, wird sie buchstäblich Millionen hervorbringen und alles, was ihr Herz sonst noch begehrt.

Was, wenn ich Ihnen also eine Wunderlampe verschaffen kann, eine Formel, die Ihnen alles verschaffen kann, was sie nur wollen. Das wäre ganz schön aufregend, nicht war? Und ich werde Ihnen diese machtvolle Formel geben, die wirksamste, die ich kenne. Sie wurde bereits von Spitzensportlern, Unternehmen der Fortune 500 Liste, Bestsellerautoren, weltbekannten Wissenschaftlern und Spitzenmusikern verwendet. Die eigentliche Herausforderung ist, die Formel wirklich zu verstehen.

Sie hat sich schon tausendfach bewährt, aber es kostet Zeit und Mühe, ihren Wert kennen und verstehen zu lernen. Kein Geld der Welt könnte sie mich wieder vergessen machen. Ich habe sie benutzt, um Millionen für Zwecke zu sammeln, an die ich glaubte, obwohl ich keinerlei Erfahrung damit hatte, wie man so viel Geld zusammenbringt. Ich habe sie als unverheirateter Single benutzt, der 34 Jahre lang meinte, es sei eigentlich nicht möglich, um meine wundervolle Frau kennen zu lernen und uns eine lange, erfüllte Beziehung zu schaffen. Ich habe die Formel benutzt, um Häuser ohne einen Pfennig Eigenkapital zu kaufen, usw. Ich sage das nicht aus Angeberei, sondern weil ich Ihnen Hoffnung machen will. Ich bin kein aussergewöhnlicher Mensch. Um ein Rezept für fantastische Kekse zu nutzen, muss man kein brillanter Zeitgenosse mit akademischer Bildung sein. Man muss sich lediglich an das Rezept halten. Mit dieser Formel verhält es sich genauso. Hier ist sie also:

ABSICHT + MECHANISMUS = ERGEBNIS

Wenn Sie mir ähnlich sind, denken Sie jetzt vielleicht: "Na und?" Die Formel klingt nicht besonders interessant. Das liegt daran, dass sie für Ihr Bewusstsein nur eine Information ist. Sie muss Ihr Herz erreichen, beziehungsweise Ihr Unterbewusstsein, damit sie die Macht einer Wunderlampe erlangt. Sie müssen die Formel täglich anwenden und sich damit auseinandersetzen. Wir wollen nun mit diesem Prozess beginnen:

ABSICHT. In meinem Wörterbuch heißt es dazu: "1: der Wille, auf eine bestimmte Art und Weise zu handeln; 2: Zweck, Ziel, Bestreben." Absicht beruht nicht nur auf Willenskraft, die unserem Bewusstsein entstammt sondern sie beruht auf einem Wissen, das einer tieferen Ebene entspringt (Ebene 3), die wir in Kapitel 5 eingehend behandeln werden. Absicht ist intensive Klarheit, Konzentration, Gewissheit, Engagement. Sie ist vieles.

MECHANISMUS. Nach meinem Wörterbuch: "1: Teil einer Maschine; auch: Verfahren oder Technik, mit der man bestimmtes Ergebnis erzielen kann." Der Mechanismus ist ein Mittel oder Weg, etwas zu erreichen - es ist das KNOW-HOW oder GEWUSST-WIE.

ERGEBNIS. Wieder nach meinem Wörterbuch: "1: Was etwas ergibt: Folgen, Konsequenzen." Das, was Sie haben.

Was, wenn Absichten im direkten Verhältnis zu den Ergebnissen stehen? Ich behaupte, dass das der Fall ist. Ihre Absichten = Ihre Ergebnisse. Bevor Sie sich dagegen aufbäumen - denken Sie mal kurz an Ihre Hand. Die Handfläche ist die Vorderseite und der Handrücken die Rückseite. Jetzt bitten Sie mich um die Vorderseite meiner Hand. Da ich ein sehr engagierter Mensch bin, zücke ich ein Messer und schneide sie für Sie ab. Aber, was ist geschehen?

Ich habe immer noch eine Vorder- und Rückseite. Sie geben sich

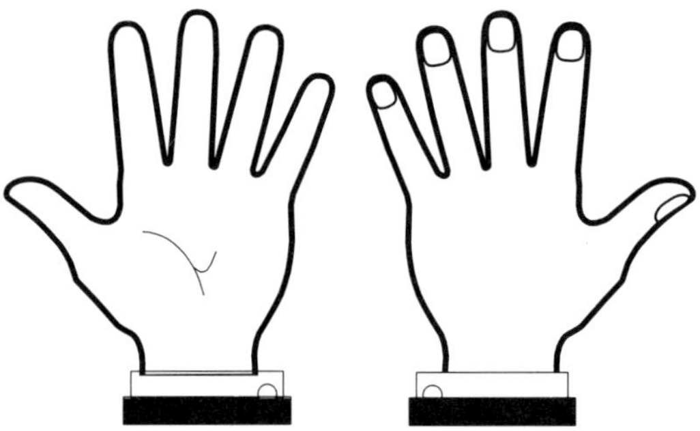

jedoch nicht zufrieden und sagen, dass Sie sich vielleicht nicht klar genug ausgedrückt hätten. Sie mögen keine Rückseiten, nur Vorderseiten. Ich nehme mein Messer raus und schneide noch ein Stück ab. Und was habe ich? Immer noch eine Vorder- und Rückseite. Kann man die eine Seite ohne die andere haben? Nein. Sie sind unzertrennlich. Man kann Sie zwar unterscheiden, aber nicht von einander trennen. Sie tanzen einen gemeinsamen Tanz. Wo die Eine ist, findet man auch die Andere. Die Vorderseite der Hand ist die Absicht, die Rückseite das Ergebnis.

Man kann mit dieser Formel auf die Vergangenheit zurückblicken und erkennen, welche "wahren Absichten" man hatte. Und man kann sie für die Zukunft nutzen, um sich die Ergebnisse zu schaffen, die man wirklich will. Mal angenommen, Sie hätten sich zum Ziel gesetzt, jährlich 100.000 Euro zu verdienen, aber nur 70.000 verdient. Anhand der Formel sieht man, dass 100.000 Euro nicht das wahre Ziel gewesen sein können. Das heißt nicht, dass Sie das Geld nicht haben wollten. Das wollten Sie sicher. Aber Ihr Wollen war wohl eher Wunschdenken. Es war nicht Ihr wichtigstes Anliegen. Vielleicht war es Ihre eigentliche Absicht, nicht dumm dazustehen und das ist Ihnen auch gelungen. Also hat sich diese Absicht erfüllt und nicht die 100.000 Euro. Vielleicht waren Sie nicht bereit, etwas scheinbar Lächerliches zu tun oder etwas, das man als aufdringlich betrachten könnte, wodurch Ihnen ein Abschluss durch die Lappen gegangen ist.

Mal angenommen, ich würde Sie bitten, 100 Mal im Zimmer auf und ab zu gehen und dabei jedes Mal einen anderen Mechanismus zu nutzen. Vielleicht laufen Sie das erste Mal und kriechen das zweite Mal. Das sind zwei Mechanismen. Dann schwimmen Sie rüber und anschließend fällt Ihnen nichts mehr ein. Das Schwimmen, Kriechen und Laufen sind jeweils "Mechanismen." Wie lautet Ihre Absicht? Manche antworten, es ginge darum, den Raum immer wieder zu durchqueren. Wie wissen Sie das? Nur weil ich Ihnen das gesagt habe? Ich behaupte, man kann die wahre Absicht einer Person nicht daran erkennen, was ein anderer ihr gesagt hat. Nur, weil Sie Ihren Kindern sagen, sie sollten studieren gehen, bedeutet das noch nicht, dass das auch deren Absicht ist.

Klemmer & Associates wird immer wieder von Unternehmen in Dienst genommen, die ihren Mitarbeitern zwar bestimmte Leistungen vorgeschrieben haben, die diese aber nicht erfüllen, weil sie nämlich nicht beabsichtigen, das zu tun. Sie befolgen zwar die Richtlinien, fühlen sich aber dem Ergebnis keineswegs verpflichtet und erzielen es deshalb auch nicht. Ich behaupte darüber hinaus: Man kann den Worten einer Person nicht entnehmen, was sie wirklich beabsichtigt - auch wenn diese Ihnen ihre Absicht mitteilt. In den K&A Seminaren mit dem Titel **Persönliche Meisterschaft** haben wir es andauernd mit Menschen zu tun, die behaupten, eine finanziell unabhängige Existenz zu beabsichtigten. Aber in Wahrheit ist das nicht der Fall. Das erkennen wir daran, dass sie keinerlei Risiko nehmen. Sie wollen reich sein, haben den Wunsch wohlhabend zu sein, aber das ist etwas ganz Anderes als das, was wir wahre Absicht nennen. Menschen erzählen uns, sie hätten die Absicht, eine glückliche Ehe zu führen und machen sich dennoch gegenseitig andauernd nieder. Ihre wahre Absicht ist es also vielmehr, sich das Recht zu nehmen, unglücklich zu sein. Sie wünschen sich zwar eine glückliche Ehe, aber das entspricht nicht Ihren wahren Absichten. Absichten, die in dem Spruch, "Der Weg zur Hölle ist mit guten Absichten gepflastert," zum Ausdruck kommen, sind also eigentlich gar keine. Das sind vielmehr Wünsche oder Träume. Wahre Absichten liegen tiefer, sind stärker, konzentrierter. Die wahre Absicht ist einem selbst häufig nicht bewusst. Ich behaupte, dass man die wahren Absichten einer Person daran erkennt, welche Ergebnisse sie erzielt. Ergebnisse und Absichten sind also immer ein und dasselbe. Man kann keine Absicht haben ohne das entsprechende Ergebnis. Haben Sie sich auch schon mal zu Sylvester Ziele gesetzt, die Sie nicht erreicht haben? Dann waren es gemäß dieser Formel keine "wahren" Absichten. Ihre wahre oder tiefere Absicht lag woanders. Vielleicht wollten Sie es einfach nur leicht haben, oder Sie wollten recht behalten, dass nämlich etwas nicht möglich war, oder Sie wollten den Kollegen gefallen, usw..

Wenn ich den Lauf durch den Raum in Seminaren oder bei größeren Veranstaltungen mache, warte ich, bis jemand hängt und ihm einfach kein Mechanismus mehr einfällt. Die anderen Leute ermutigen ihn dann meistens und an irgend einem Punkt fällt ihm spontan etwas ein. Aber das ist nicht wirklich spontan. Ein wissenschaftlicher Prozess hat stattgefunden. Wenn eine Absicht klar und intensiv ist, wird sich immer ein Mechanismus ergeben. Eine Stimme in ihrem Kopf (das Unterbewusstsein) sagte etwa: "Ich werde mich hier nicht zum Narren machen. Zeige mir einen Mechanismus und zwar SOFORT!" Und das Unterbewusste reagiert mit einer Lösung, einem Mechanismus.

Dieses Konzept ist Millionen wert. Ich muss nicht wissen, was zu tun ist - brauche den Mechanismus nicht zu kennen sondern nur eine außergewöhnlich intensive und klare Absicht. Die Absicht führt zum

Mechanismus. Die Absicht und mein Engagement erschaffen den Mechanismus. Erinnern Sie sich noch an John F. Kennedys Erklärung, die Amerikaner würden am Ende der 60er Jahre einen Mann auf den Mond bringen? Die meisten Leute hielten das für unmöglich, weil die Wissenschaft, die das ermöglichen sollte, noch nicht vorhanden war. Aber seine Absicht führte zu der Wissenschaft, beziehungsweise zum Mechanismus. Auch im Geschäftsleben gibt es zahllose Beispiele dafür. Die meisten Leute haben jedoch eine Mechanismus-Brille auf. Sie wollen sich keinem Ziel verpflichten, bis sie wissen wie, bis sie also den Mechanismus kennen. Sie fangen nicht an, bevor sie den Mechanismus nicht im Kopf haben. Damit zäumen sie das Pferd aber von der falschen Seite auf. Die Lage wird noch weiter kompliziert, weil die meisten eine Brille aufhaben, die nur ein oder zwei Mechanismen für eine Sache zulässt. Sie wollen ein Haus kaufen und denken, es gäbe dazu nur ein oder zwei Wege. "Ich muss 20 % anzahlen und kann für die restlichen 80 % eine Hypothek aufnehmen." Wenn dieser Mechanismus nicht funktioniert, ist ihre Lösung, das Ziel aufzugeben. Vielleicht probieren sie es noch mit einer zweiten Methode, und wenn die dann auch nicht funktioniert, geben sie auf jeden Fall auf. Aus diesem Grund lasse ich Leute den Raum so oft durchqueren und warte, wenn sie hängen bleiben, bis sie selbst einen neuen Weg gefunden haben.

Der Schlüssel ist, seine Absicht derart zu intensivieren, dass man **gezwungen ist**, das Ergebnis zu erzielen. Intensivieren Sie sie derart, dass Sie den Raum durchqueren **müssen**. Eine entscheidende Absicht führt immer zu einem Ergebnis. Es gibt keine Alternative dazu, den Raum zu durchqueren. Jeder Firmenbesitzer, den ich jemals getroffen habe, hätte gerne, dass seine Leute genau so handeln.

Es gibt mehrere Mittel und Wege, mit denen Sie Ihre Absichten derart intensivieren können, dass sie stärker sind als die, die Ihren Wünschen entgegen stehen.

• **Eine Möglichkeit, Ihre Absicht zu intensivieren, besteht darin, sich einem Freund gegenüber, der an Sie glaubt, entsprechend zu verpflichten.** Ist Ihnen jemals aufgefallen, dass Sie sehr viel eher Fitness-

Training machen, wenn Sie sich mit Ihren Freunden dazu verabreden? Sie müssen Ihre Absicht, Ihr Gesicht nicht zu verlieren, für Sie selbst ans Werk setzen, und zwar um Ihre Absicht, faul zu sein und nicht zu trainieren, auszustechen.

• **Es intensiviert die Absicht ungemein, wenn man sich dem Risiko aussetzt, dabei Geld zu gewinnen oder zu verlieren.** Stellen Sie sich vor, Sie würden in 90 Tagen ein Haus kaufen wollen. Stellen Sie sich außerdem vor, Sie schreiben einen Scheck über 10.000 Euro aus und sagen einem Freund: "Wenn ich das Haus in 90 Tagen nicht kaufe, löse ich den Scheck ein und spende das Geld für einen wohltätigen Zweck." Würde das Ihre Absicht, Ihr Bestreben und Ihr Engagement, das Haus zu kaufen, steigern? Aber sicher.

• **Visualisierungen intensivieren Ihre Absicht.** Aus diesem Grund ermutigen Sportler, religiöse Führungspersönlichkeiten, Wissenschaftler und viel andere die Menschen dazu, strukturierte Visualisierungen zu nutzen. Wenn Sie daran zweifeln, dann schauen Sie doch mal bei einem Autohändler so lange auf ein neues Auto, bis der Verkäufer kommt. Er wird Sie wahrscheinlich fragen: "Könnten Sie sich vorstellen, in diesem Wagen zu sitzen und ihn zu fahren?" Wenn Sie darauf mit Nein antworten, redet er wahrscheinlich nicht weiter mit Ihnen. Er weiß, dass Sie wahrscheinlich sofort aufgeben würden, wenn Sie bei einer Bank um einen Kredit fragen würden und ihn nicht sofort bekämen. Wenn Sie jedoch sagen: "Ich kann mich zwar in diesem Auto sitzen sehen, glaube aber nicht, dass ich ihn mir leisten kann," wird er wahrscheinlich erwidern: "Steigen Sie doch mal ein." Nach einer Testfahrt muss Ihr Unterbewusstes den Wagen haben und das wird den Ton Ihrer Stimme ändern, Ihre Arbeitsmoral, wenn Sie potentielle Kunden kontaktieren, Sie werden vielleicht sogar den Job wechseln und alles Nötige tun, damit Sie sich den Wagen kaufen können. Ihre gesteigerte Absicht hat einen Mechanismus - wie aus dem Nichts - erschaffen. Aber der Durchschnittsmensch geht nicht mal hin und sieht sich ein Auto an, bevor er nicht weiß, wovon er sich den Wagen leisten soll - bis er also den Mechanismus kennt.

Schauen Sie sich an, wie Durchschnittsmenschen denken. Ihre Denkweise macht sie zum Durchschnitt, nicht ihre Bildung, ihr Geburtsort oder wen sie kennen oder wie alt sie sind, oder was auch immer. Schauen Sie sich dann an, wie erfolgreiche Menschen denken. **Denken heißt, etwas erschaffen.** Wenn Sie nicht wissen, wie erfolgreiche Menschen in bestimmten Bereichen denken, wird es Ihnen schwer fallen, deren Erfolg zu kopieren. Und wir reden hier nicht über die Persönlichkeit dieser Leute. Wir reden von ihren unbewussten oder grundlegenden Überzeugungen über das, was Wirklichkeit ist.

"Wut – ist der letzte verzweifelte Versuch von Männern oder Frauen, ihrer Verantwortung und der Situation aus dem Weg zu gehen oder jemand anderen dafür die Schuld zuzuschieben."

Kapitel Drei

Der Schlüssel zu Beziehungen

Die Frage: Wem oder was widersetzen Sie sich? Welchen Preis zahlen Sie für diesen Widerstand?

Die Geschichte

Es waren einmal ein Junge und ein Mädchen am Strand, die eine Sandburg bauten. Stundenlang bauten sie Türme, Mauern und einen Graben. Und während sie bauten, kam die Flut immer näher. Nachdem sie fast den ganzen Morgen an der Burg gearbeitet hatten, kam plötzlich eine große Welle und schwemmte die Burg mit einem Schlag davon. Ein Erwachsener, der die Beiden den ganzen Morgen beobachtet hatte, hatte Mitleid mit den Kindern, weil sie so viel Arbeit hineingesteckt hatten. Aber dann sah er, wie sie lachend Hand in Hand den Strand hinunter rannten. Da wurde dem Erwachsenen klar, dass es zwar zeitweilig Spaß macht, Imperien aufzubauen, dass aber der Spaß, Freunde zu haben, mit denen man auch dann noch lachen kann, wenn das weggeschwemmt wird, woran man ein Leben lang gearbeitet hat, bedeutend größer ist und von viel mehr Dauer.

Die Lektion

Beziehungen sind der Schlüssel, der fast alles möglich macht. Beziehungen sind eine Quelle der Lebensqualität und der Ergebnisse, die wir erzielen. Das heißt natürlich nicht, dass Sie jeden mögen müssen. Schauen Sie sich doch mal um und sehen Sie sich an, was die Menschen geschaffen haben. Vielleicht steht bei Ihnen ein Salz- und Pfefferstreuer auf dem Tisch. Wie viele Leute waren daran beteiligt, dass diese jetzt dort stehen können? Leute, die die Maschinen bedient haben, mit denen sie hergestellt wurden, und diejenigen, die sich um Verpackung und Etikettierung gekümmert haben. Manager, Sekretärinnen, Zwischenhändler, die sie in den Laden gebracht haben. Die Firma hatte obendrein wahrscheinlich Investoren. Lastwagenfahrer waren nötig - und so weiter. Gut mit Menschen umgehen zu können, kann das mangelnde Wissen in vielen anderen Bereichen ersetzen. Verstehen Sie jetzt, weshalb Sie Ihre Beziehungen meistern sollten?

Nun wollen wir uns mit einem sehr selbstzerstörerischen Gedankenprozess oder Programmierung befassen. Er betrifft Ihre persönlichen wie auch Ihre beruflichen Beziehungen. Mit zerstörerisch meine ich, dass er Sie Geld kostet. Er ruiniert jegliche Kommunikation und Teamwork. Er ist die Grundursache für jede Scheidung. Es ist nicht übertrieben, wenn man sagt, dass er die Wirtschaft Milliarden kostet. Er verursacht Einsamkeit und sogar Krankheiten bei den Leuten, die so denken. Es ist, als würde man Gift trinken.

Warum überhaupt einen negativen Gedankenprozess besprechen? Warum nicht nur über das Positive reden? Weil Sie so denken. Jeder Mensch, den ich jemals getroffen habe, kennt - ohne Ausnahme - diesen selbstzerstörerischen Gedankenprozess. Diese Gedanken haben wahrscheinlich im Alter von etwa 6 Monaten Form angenommen und gehören bei den meisten Leuten seither zum Leben. Bei einigen mehr, bei anderen weniger. Das Maß, in dem Sie sich davon nicht einfangen lassen, zeigt die Qualität Ihrer Beziehungen an.

Warum sollten intelligente Menschen wie Sie und ich sich solch einem negativen Prozess überlassen? Vielleicht, weil wir den Schaden nicht erkennen. Wenn Sie zum Beispiel eine heiße Herdplatte anfassen, die Brandblase aber erst ein halbes Jahr später käme, dann würden Sie den Herd vielleicht häufiger anfassen, weil Sie die Verbindung zwischen Ursache und Folge nicht wahrnehmen. Niemand ändert sich, es sei denn, er sieht, dass der Preis für sein Verhalten einfach zu hoch ist. Meistens reden wir weder über die Kosten noch den Preis, weil es uns einfach weh tut. Öffnen Sie sich jedoch für den wahren Schmerz, der Ihnen und anderen das Folgende bringt, dann werden Sie es bedeutend weniger tun.

Der Gedankenprozess, von dem hier die Rede ist lautet:

UNMUT - VERWEIGERUNG - RACHE

- **UNMUT:** Jede negativ empfundene, emotionale Reaktion, auf etwas, dass wir gehört oder gesehen haben.
- **VERWEIGERUNG:** Den Abbruch jeglicher Kommunikation oder das Aufbauen einer Mauer.
- **RACHE:** Der Versuch, abzurechnen, oder Genugtuung zu erlangen.

Welche Gefühle passen zur Definition des Unmuts? Wut, Frustration, Traurigkeit, Eifersucht und Hass sind ein gutes Beispiel. Ihr Ehepartner drückt immer in der Mitte auf die Tube Zahnpasta und das irritiert Sie. Ihr Kind gibt Widerworte oder jemand schneidet Ihnen im Verkehr den Weg ab. Sie werden bei einer Reorganisation entlassen. Jemand, den Sie sehr lieben, stirbt.

Es gibt zahllose Beispiele. Wenn Sie keinen Unmut mehr empfinden, sind Sie tot. Emotional auf jeden Fall, wenn nicht gar physisch. Unmut ist ein natürlicher Bestandteil des Lebens. Das Leben steckt voller Situationen, in denen wir Unmut empfinden. Tag für Tag sterben 40.000 Menschen an Hunger - wie kann man da keinen Unmut empfinden, es sei denn, man ist gefühlsmäßig vollkommen taub. Aber auch wenn Sie taub sind, erfahren Sie Unmut - nur verbergen Sie das vor sich selbst. Der Unmut ist immer noch vorhanden. Aus diesem Grund leben die meisten Menschen in einer gleichgültigen Welt.

Manche Leute sind so programmiert, dass sie Unmut an sich bereits für etwas Böses halten. Das ist ihre Brille. Aber Unmut ist nicht schlecht. Er gehört zum Leben. Wenn Sie ihn für etwas Schlechtes halten, unterdrücken Sie ihn und werden dann wütend, weil Sie aufgebracht sind! Sie sind in einem endlosen Kreis gefangen - wie in einer Software-Routine.

Sie werden Unmut empfinden, egal wie gut Ihre Beziehung oder Ihr Arbeitgeber ist - Sie werden ab und zu verdrossen sein.

Die wirklich wichtige Frage lautet allerdings: Wie gehen Sie damit um? Heute könnte der Tag sein, der Ihr Leben zum Positiven wendet. Oder es könnte der Tag sein, der Sie zur zweiten Eskalationsstufe führt und Sie damit zerstört: VERWEIGERUNG. Es gibt viele Arten, wie wir uns verweigern. Ein Ehepaar streitet sich (Stufe 1) und der Mann dreht sich auf die eine und die Frau auf die andere Seite. Wenn sie nicht mehr mit einander reden, ist das Verweigerung. Die Kommunikation wird unterbrochen. Das hat seinen Preis. Nicht mehr mit einander zu reden, ist nicht die einzige Form der Verweigerung. Wenn jemand etwas hinauszögert oder verwirrt ist, empfindet er Unmut. Zum Beispiel: Ein Kunde ist schwierig und wir verschwinden hinter der Theke. Der körperliche Abstand baut die Mauer auf und reflektiert den Unmut. Wir haben ein privates Problem und wir flüchten uns in Arbeit, ins Fernsehen, in den Schlaf oder ins Essen. Das ist Unmut. Wenn wir uns das genauer ansehen: Ein Mangel an Offenheit ist bereits Unmut.

Machen Sie eine Liste von Ihrem Unmut, und zwar ganz detailliert. Bei was oder wem empfinden Sie Unmut? Letztlich wollen Sie damit nur die Kontrolle behalten.

Hier tritt ein fundamentales Problem unserer Glaubenssysteme zutage - und zwar in der Art und Weise, wie wir die Wirklichkeit betrachten. In Seminaren bitte ich einen Teilnehmer, sich auf einen Stuhl zu setzen und die Hände zu heben. Ich drücke seine Hände nach hinten. Fast alle geben Gegendruck und fallen mitsamt Stuhl fast um. Beachten Sie dabei ZWEI wichtige Punkte. Erstens: Der Teilnehmer gibt Gegendruck. Warum? Weil er sonst die Kontrolle verliert. Ich habe bereits gesagt, dass wir uns bei 99 % unseres Verhaltens nicht selbst dazu entscheiden - unsere Programmierung macht das für uns. Unsere Brille sorgt für die Entscheidung. In dem geschilderten Fall haben die meisten Leute eine Programmierung, eine Stimme im Kopf, die in etwa sagt: "Wenn jemand Druck auf dich ausübt, hält dich nur entsprechender

Gegendruck am Leben." Die Person auf dem Stuhl gibt also Gegendruck, um zu "überleben." Das Problem ist allerdings, dass sie es nicht überleben. Der Stuhl kippt nach hinten und jemand aus unserem Team fängt ihn auf. Denken Sie nur an eine Situation, in denen ein Kind oder Vorgesetzter oder Elternteil oder Liebhaber oder Mitarbeiter Druck auf Sie ausübt. Vielleicht emotionalen. Haben Sie Gegendruck gemacht? Haben Sie sich mit dem Betreffenden gestritten oder ihn Ihrerseits unter Druck gesetzt?

Jetzt kommt der zweite wesentliche Punkt: Ihre Überzeugung ist nicht richtig! Sie ist falsch! Sie meinen, es sei notwendig, Gegendruck zu machen, um zu überleben und sich nicht ausnutzen zu lassen. Aber was geschah in dem Beispiel aus dem Seminar? Die Person, die Gegendruck macht, VERLOR DIE KONTROLLE! Er fiel mitsamt Stuhl um, wenn er genug Gegendruck macht. Wenn Sie Gegendruck machen, verlieren Sie die Kontrolle - Sie bekommen sie dadurch nicht. Weshalb machen unsere Kinder uns böse? Weil sie dadurch Kontrolle erlangen! Das ist der wirkliche Grund! Und was ist, wenn Sie sich mit einem Kind gestritten haben: Wie geht es den Kindern fünf Minuten später? Prima. Und wie geht es Ihnen fünf Stunden später? Sind Sie immer noch ganz verdrießlich? Warum? Weil Sie der Wirklichkeit widerstehen. Eine kleine Stimme sagt Ihnen: "Es sollte nicht so sein." Aber es ist so. Genau das ist Unmut: Wenn jemand sich sagt, dass es nicht so sein sollte, wie es ist.

Unmut sorgt für Dauer. Lesen Sie das noch mal. Unmut sorgt für Dauer. Es verlängert das, was Sie nicht wollen. Wer oder was weckt also Ihren Unmut? Ist es vielleicht Ihr Alter? Ihr Gewicht? Dass Sie allein sind? Technologische Fortschritte, die Sie nicht verstehen? Was in Ihrem Job macht Sie mürrisch? Vielleicht, dass Sie Leute aufs Geratewohl anrufen müssen oder der Papierkram oder die Eintönigkeit? Welchen Preis zahlen Sie für Ihren Unmut? Welchen Preis müssen andere in der Firma für Ihren Unmut zahlen? Bedenken Sie immer: Niemand ändert sich, es sei denn, er hält den Preis, den er oder andere zahlen, für zu hoch.

Das soll nicht heißen, Sie sollten andere mit Ihnen machen lassen, was sie wollen. Ich sage nicht, Sie sollten zum passiven Vater oder zur untätigen Mutter werden. Das funktioniert nicht. Wie kann man sich ohne Gegenwehr trotzdem nicht ausnutzen lassen? Eine der besten Analogien dafür sind die Kampfkünste, insbesondere das AIKIDO. Bei den meisten Kampfkünsten lernt man, keinen Widerstand zu leisten. Man lässt den Angriff ins Leere laufen und nutzt die Kraft, um seinen Gegner zu Boden zu werfen. In dem Filmklassiker "Karate Kid" hielt der Meister seinen Schüler nicht dazu an, sich missbrauchen oder niedermachen zu lassen. Im AIKIDO schützt man sich und den Angreifer. Es gibt keine Trennung.

K & A führt Verkaufstrainingsseminare mit Spitzenkräften durch und benutzt diese Metapher: Wenn man renitent auf Einwände reagiert, ist man bald keine Spitzenkraft mehr. Betrachtet man Einwände hingegen als Freunde, die einem helfen können, einen Geschäftsabschluss zu machen, bleibt man an der Spitze.

Vor Jahren nahm ein gewisser Bob Tourtelot an einer unserer Schulungen teil. Er war und ist noch heute ein sehr erfolgreicher Anwalt. Er war ziemlich skeptisch, da er seinen Erfolg zu einem nicht unwesentlichen Teil der Einschüchterung zu verdanken hatte. Nach dem Workshop rief er mich an und erzählte mir, wie gut sich unser Konzept anwenden ließ. In einer Verhandlung, bei der es um mehrere Millionen Dollar ging, schrie ein anderer Anwalt ihn an, um ihn einzuschüchtern. Bob meinte, vor dem Workshop hätte er sicherlich zurück gebrüllt (sofern er ihm nicht knallhart auf die Finger geschlagen hätte)! Er hätte den Anwalt intellektuell und emotional dominiert. Aber er erinnerte sich daran, dass Unmut, Verweigerung und Rache ihm nur selber schaden würden und antwortete: "Vielen Dank für den Mut, mir Ihre Wut mitzuteilen." Er meinte, dass daraufhin etwas geschah, was ihm in 20 Jahren Verhandlungspraxis noch nicht untergekommen war. Er hatte den ganzen Raum unter Kontrolle und wusste es. Und auch die anderen wussten es, sodass er einen Haufen Geld verdiente. Wie kann man sich selbst schützen, ohne in Unmut Widerstand zu leisten?

Das bringt uns zur Rache. Das Schlüsselwort an dieser Stelle lautet "Versuch." Man wird nie wirklich 'quitt' sein. Das ist nicht möglich. Das würde die gottgegebenen Gesetze verletzen. Aber zunächst einmal: Wie versuchen die Leute denn bei der Arbeit, mit jemandem abzurechnen? Sie machen Dienst nach Vorschrift, überziehen die Pausenzeiten gnadenlos, melden sich grundlos krank, lassen Dinge mitgehen, erledigen ihre Aufgaben schlecht - und all das nur, weil sie mit jemandem abrechnen wollen. Der ist mir etwas schuldig! Und wie ist es in Beziehungen? Schweigen, Liebesentzug, Überziehung der Kreditkarte, Verweigerung, seine Aufgaben zu erledigen, usw.. Es gibt tausende Mittel und Wege.

Man sollte jedoch immer bedenken, dass Unmut, Verweigerung und Rache selbstzerstörerisch sind. Wenn man Widerstand leistet oder sich rächt, tut man sich selbst weh. Was man rauslässt, fällt auf einen zurück. Man erntet, was man sät. Das haben wir alle schon mal gehört. Wie viele Kinder kennen Sie, die wütend auf ein Elternteil sind, weil es ihnen sagt, was sie tun sollen und die sich dadurch rächen, dass sie schlechte Noten bekommen oder ihr Leben mit Drogen zerstören? Sie bezahlen einen hohen Preis. Tausende Eheleute haben an unseren Seminaren teilgenommen und erkannt, wie sie ihre Kinder dazu benutzt haben, sich am Partner zu rächen, und welch einen immensen Preis sie dafür bezahlen mussten.

Ich habe Unternehmen beraten, insbesondere bei Reorganisationen, in denen Unmut, Verweigerung und Rache an der Tagesordnung waren. Menschen leisten Widerstand gegen harte Entscheidungen, Änderungen am Markt, Entlassungen von Freunden, usw.. Sie legen es darauf an, die Firma zu ruinieren. Das ist ein tödlicher Denkprozess. Es ist wie beim Rattenfänger von Hameln, der die Kinder in den Tod führen wollte. Gibt man sich Unmut, Verweigerung und Rache hin, ist man auf bestem Wege ins Verderben. In der Welt des Sports hat es in den USA in jüngster Zeit große Streiks gegeben. Die Leute ärgerten sich, dass andere mehr Geld bekamen, als sie es ihrer Meinung nach verdienten. Wenn Ihre Entscheidungen von Unmut, Verweigerung und Rache geprägt sind, schwindet Logik und Vernunft. Manche Leute wurden religiös erzogen und sind missmutig, verweigern oder rächen sich und schneiden sich damit von ihrem Gott ab. Was für ein Preis! Achten Sie also darauf, ob und inwiefern Ihr Verhalten von Unmut, Verweigerung und Rache geprägt ist: Wo sind Sie böse auf sich wegen irgend etwas aus der Vergangenheit und versuchen sich zu rächen? Verrückt, nicht wahr? Oder vielleicht doch eher tragisch?

Gibt es überhaupt einen triftigen Grund für Unmut, Verweigerung und Rache? Mal angenommen, ich schütte Ihnen ein Glas Wasser ins Gesicht. Wäre das ein guter Grund für Rache? Nein! Oder wie ist es, wenn ein Kind geschlagen wird? Wäre das ein guter Grund? Nein! Warum nicht? Weil es selbstzerstörerisch ist. Es verletzt denjenigen, der so denkt. Ich sage nicht, dass man sich nicht aufregen sollte, denn dafür man hat Grund genug. Ich sage vielmehr, wenn man sich deshalb rächt, zahlt man einen höheren Preis als man zahlen möchte. Was ist der Preis? Ich weiß nicht. Man müsste den Betreffenden fragen: Vielleicht ist es eine Krankheit oder unerfüllte Beziehungswünsche, vielleicht auch ein Leben in der Vergangenheit oder keine Lebenslust, oder der Verlust einer guten Beziehung zu Gott.

Was gibt es für Lösungen, wenn man in Unmut, Verweigerung und Rache gefangen ist? Es gibt viele. Hier die drei Wichtigsten:

- **GEBEN**
- **OFFENE, EHRLICHE, VERANTWORTUNGSVOLLE KOMMUNIKATION**
- **FAIRER KAMPF**

Klingt nicht nach einer attraktiven Lösung, oder? Aber weshalb das Leben nach den momentanen Launen ausrichten? Lassen Sie Ihre Entscheidungen davon bestimmen, was Ihnen wirklich wichtig ist. Diese Lösungen gefallen vielleicht nicht, wenn man eigentlich Unmut empfindet und sich verweigern oder rächen will. Geben, wenn man sich rächen will, ist nicht normal.

Die wichtigste Lösung ist GEBEN. Wenn man etwas Nettes gibt, heißt das dann automatisch, dass der Betreffende Sie nun seinerseits nett behandelt? Nicht zwangsläufig. Man kann damit den Anderen nicht unbedingt ändern. Man beherrscht ihn ja nicht. Weshalb also geben? Damit Sie mit den eigenen negativen Gefühlen klarkommen. Sie wollen einfach nicht, das Sie selbst oder ein Anderer den Preis für Ihren Unmut, Verweigerung oder Rache zahlen muss. Mal angenommen, jemand im Büro behandelt Sie schlecht. Wenn Sie nun eine Verweigerungshaltung einnehmen, werden Sie nicht sehr kreativ sein, viel verkaufen, und Sie sind auch zuhause nicht gerade ein Segen für die Familie. Die meisten Leute geben weniger, wenn sie in einem negativen Zustand sind. Lernen Sie zu geben, als seien Sie davon besessen. Geben Sie, egal ob es Ihnen angenehm oder unangenehm ist. Geben Sie, wenn es so aussieht, als bekämen Sie etwas zurück und geben Sie auch, wenn Sie erwarten, nichts zurück zu bekommen. Geben Sie, wenn Sie den Empfänger kennen und wenn er Ihnen unbekannt ist. Geben Sie wie ein Besessener, und zwar nicht, weil Sie edelmütig sein möchten sondern weil es praktisch ist. Edelmut ist immer verdächtig. Geben Sie, weil es ein universelles Gesetz ist, dass man erntet, was man sät. Das Gesetz lautet nicht, dass man es von der Person, Firma oder Quelle erntet, bei der man gesät hat. Die meisten Leute sind so kurzsichtig, dass sie meinen, sie müssten es sofort zurück erhalten und zwar aus der selben Quelle. Wenn das dann nicht geschieht, glauben sie nicht mehr an das Gesetz und das es unausweichlich ist.

Stellen Sie sich vor, sie lägen in einem Schlafsack in einer Berghütte und draußen schneit es. War es Ihnen schon jemals so kalt, dass Sie nur noch die Nase aus dem Schlafsack steckten? Es ist so kalt, dass Ihr Atem Eiskristalle ans Fenster zaubert. Und dann wird Ihnen klar, weshalb es so kalt ist - im Ofen brennt kein Feuer. Und als Sie sich umschauen, sehen Sie, dass in der Hütte kein Holz liegt. Das ganze Holz liegt draußen, wo es schneit. In der Hütte ist es so eisig, dass Sie im Schlafsack bleiben müssen, bis es wärmer ist. Also treffen Sie eine Verabredung mit dem Ofen. Sie sagen ihm, er solle wärmer werden und anschließend würden Sie dann rausgehen und Holz holen, um ihn zu füttern. Lächerlich?!

Aber wie häufig leben wir genau so? Sie sagen: Verbring mehr Zeit mit mir (Ofen, werde warm) und ich werde mich liebevoller oder romantischer verhalten. Und das Gegenüber sagt genau das Gleiche. Die durchschnittliche Firma zahlt ihre Mitarbeiter gerade gut genug, dass diese ihnen nicht kündigen. Und die Mitarbeiter arbeiten gerade mal so hart, dass sie nicht gefeuert werden. In unserem Bestreben, nicht ausgenutzt zu werden, warten wir alle darauf, dass der Ofen warm wird, bevor wir etwas tun.

Die zweitwichtigste Lösung ist offene, ehrliche, verantwortungsbewusste Kommunikation. Mal angenommen, jemand kommt eine halbe Stunde zu spät zu einer Verabredung mit Ihnen und Sie ärgern sich darüber. Sie beschließen, diese Lösung anzuwenden und sagen in etwa: "Ich ärgere mich. Ich habe das Gefühl, nicht von dir respektiert zu werden, wenn du unsere Verabredungen nicht einhältst. Ich bin ziemlich aufgebracht." Beachten Sie, dass Sie nur über Ihre eigenen Gefühle sprechen. Wenn Sie sagen: "Ich bin aufgebracht," übernehmen Sie die Verantwortung für Ihre Gefühle. Sagen Sie hingegen: "Dein Verhalten ärgert mich," übernehmen Sie keine Verantwortung für Ihre Gefühle. Sie geben dem Anderen zu verstehen, dass er die Ursache ist. Im nächsten Kapitel werden wir uns eingehend mit Verantwortung befassen. Einfach ausgedrückt: Sie zeigen Ihre Gefühle offen, ohne jemand andern dafür die Verantwortung zuzuschieben. Das ist schwierig. Sie haben vielleicht Angst davor, was der andere erwidern wird. Wenn Sie so handeln, tun Sie das nicht, damit der Andere in Zukunft pünktlich ist. Das wäre zwar schön, aber meistens wird Ihr Gegenüber sich nicht ändern. Sie tun es vielmehr, damit Sie nicht an Ihren negativen Gefühlen kleben bleiben: der Preis dafür ist einfach zu hoch.

Als ich Kind war, gab es in manchen Geschäften Rabattmarken. Man klebte sie in ein Heft, das man am Ende für irgendwelche Dinge eintauschen konnte. Heute gibt es ähnliche Systeme. Viele Leute behandeln Unmut, Verweigerung und Rache wie Rabattmarken. Sie sagen nichts, wenn sie sich ärgern. Sie wollen nicht grob werden, oder haben einfach Angst. Aber sie sammeln sie fleißig in ihrem Heft. Schließlich ist es voll und dann platzt ihnen der Kragen, mit ernsten Konsequenzen. Lassen Sie den Druck aus dem Kessel, indem Sie Ihre Gefühle immer wieder äußern, aber tun Sie es verantwortungsbewusst.

Die dritte Lösungsmöglichkeit ist der faire Kampf. Ich meine mich zu erinnern, dass diese Lösung von einem Psychologen aus Atlanta entwickelt wurde. Sie ist sehr effektiv, man kann sie aber nur mit jemandem anwenden, den man gut kennt. Für Eltern und Kinder, Ehepartner oder Kollegen ist es sehr hilfreich. Man muss die betreffende Person kennen, weil man nach bestimmten Regeln kämpft. Bei den meisten Streits gibt es keine Regeln. Man sagt und tut Dinge, um den Streit zu gewinnen, aber auf Dauer geht die Beziehung dabei baden. Es gibt drei Regeln, an die man sich halten muss.

- **Regel 1:** Sie vereinbaren Kode- oder Schlüsselworte. Zum Beispiel: "Los geht's," oder "rote Fahne." Das ist ein Signal. Wenn einer von beiden es ausspricht, erinnert es Sie daran, dass sie nach Regeln kämpfen. Außerdem wird ihnen beiden bewusst, dass ein Kampf stattfindet! Haben Sie sich schon jemals gestritten und wussten gar nicht, dass Sie sich mitten im Streit befanden? Sie wussten, dass irgend etwas schief lief, konnten aber den Finger nicht drauflegen? Dies bringt es ans Licht. Und ob es einem gefällt oder nicht, es liegt auf dem Tisch.

- **Regel 2:** Gekämpft wird in Runden von jeweils zwei Minuten. Der Eine redet und der Andere hört zu. Wer als Erstes das Kode- oder Schlüsselwort gesagt hat, fängt an. Er darf sich zwei Minuten lang äußern, wobei der Andere sein Bestes tut, nichts zu sagen und sich auf seine Gefühle zu konzentrieren. Er denkt nicht über Widerworte nach, mit denen er sich gleich verteidigen wird. Er tut sein Bestes und hört zu. Nach zwei Minuten werden die Rollen umgedreht. Das Ganze kann so viele Runden haben wie nötig. Kommunikation ist ein Prozess, bei dem man sendet und empfängt. Und diese Regel zwingt beide Beteiligten dazu. Manche Menschen haben als Kind gelernt, sich zu verweigern, wenn sie wütend sind. Sie senden ihre Gefühle nicht aus. Wieder andere haben gelernt, alles rauszulassen und sich dem Empfang zu blockieren. Diese Regel zwingt beide Beteiligte dazu, zu senden und zu empfangen. Die Erfahrung hat mich gelehrt, dass dies der Wut Richtung gibt und sie reduziert. Hatten Sie schon mal Streit, weil einer seine Socken auf dem Boden liegen ließ? Als nächstes geht es dann darum, was die Schwiegermutter letztes Jahr gemacht hat und schließlich befinden Sie sich mitten im dritten Weltkrieg. Nach 2, 3 Runden sind Sie vielleicht immer noch wütend, aber nicht mehr so sehr wie zu Anfang. Sie sagen sich: Ich mag zwar die Gewohnheit nicht, die Socken rumliegen zu lassen, aber es ist nicht das Ende unserer Ehe. Und denken Sie daran, dass Sie Ihre Gefühle verantwortungsvoll mitteilen. Es geht nicht um Beschuldigungen. Sie teilen einfach Ihre Gefühle mit.

- **Regel 3:** Werden Sie nicht vulgär. Damit meine ich nicht die „Fäkalsprache“ sondern, dass Sie keine Worte benutzen, die das Gegenüber erniedrigen. Ich meine Worte, die den Andern verletzen sollen. Zum Beispiel: "Du bist ein Idiot, Blödmann, Neger, eine Schwuchtel, bescheuerte Frau, blond und blöd," usw.. Meistens handelt es sich dabei um Worte, die das Aussehen, die Rasse, die Religion, ethnische Herkunft des Anderen usw. herabsetzen. Das Problem solcher Vulgaritäten liegt darin, dass sie den Andern zu Unmut, Verweigerung oder Rachewünschen verleiten. Die Rache besteht meist darin, etwas Schlimmeres zu erwidern. Und das eskaliert das Ganze und ruiniert die Beziehung höchstwahrscheinlich. Sie sagen in der Hitze des Gefechts vielleicht: "Ich hasse dich", aber Vulgaritäten sind einfach nicht angebracht. Bedenken Sie auch, diese Regeln in guten Zeiten festzulegen. Warten Sie nicht auf Streit, um dann dieses Buch zu zücken und diese Regeln vorzuschlagen, denn Ihr Partner könnte es Ihnen um die Ohren schlagen. Vielleicht funktioniert es beim ersten Mal auch nicht. Sie sagen vielleicht das Kodewort "rote Fahne" und Ihr Partner antwortet: "Dir werde ich gleich eine rote Fahne zeigen - und dir eines auf die Nase geben." Man sollte Geduld haben, wenn man sich etwas Neues angewöhnt. Es ist, wie wenn man beispielsweise Tennis lernt. Beim ersten Mal ist es irgendwie eigenartig, aber wenn man es erst ein paar Mal gemacht hat, erkennt man, wie kostbar das Alles ist.

Diese LÖSUNGEN sind nicht logisch. Verlassen Sie sich nicht auf meine Worte oder auf Ihre Meinung. Probieren Sie sie aus. Richten Sie sich nach den Ergebnissen. Denken Sie an die drei Leute, die Sie am meisten ärgern. Geben Sie einem etwas, kommunizieren Sie offen, ehrlich und verantwortungsbewusst mit dem Zweiten und bitten Sie den Dritten um einen fairen Kampf. Machen Sie sich keine Gedanken darüber, was diese Leute antworten werden. Es geht nicht um sie. Vielleicht schöpfen sie Verdacht, weigern sich, die Gabe anzunehmen oder ignorieren Sie. Die Bitte bedeutet nicht, dass sie Sie mögen oder sich so verhalten werden, wie Sie das gerne hätten. Es handelt sich nicht um Manipulation oder darum, sie unter Kontrolle zu bekommen. Es geht vielmehr darum, eine Lösung für Ihren Unmut, Ihre Verweigerung und Rache zu finden und den Preis, den Sie nicht zahlen wollen.

"Niemand kann Sie
befreien – außer Sie
sich selbst."

Kapitel Vier

Das Fundament jeglicher Freiheit VERANTWORTLICHKEIT

Die Frage: Was wäre denn, wenn Sie selbst die Ursache für alles wären, was Ihnen widerfährt?

Die Geschichte

Es gibt ein kleines Tier in der Wüste, Sandwespe genannt. Die Sandwespe ist so programmiert, dass sie ihre Nahrung vor ihrem Loch ablegt, bevor sie hineingeht. Drinnen sieht sie sich dann um, ob irgendwelche Gefahren lauern. Erst wenn sie nichts entdeckt hat, holt sie ihr Essen rein und verzehrt es. In unserer Geschichte liegt nicht weit entfernt ein Wissenschaftler auf der Lauer. Sowie die Sandwespe in ihr Loch kriecht, rennt der Wissenschaftler hin und legt die Nahrung ein Stück fort und versteckt sich wieder hinter seinem Kaktus.

Die Sandwespe kommt wieder hervor und entdeckt, dass die Nahrung ein Stück weiter weg liegt. Sie zieht die Nahrung wieder vors Loch, geht hinein und sieht sie sich um, ob Gefahren lauern. Inzwischen legt der Wissenschaftler die Nahrung wieder ein Stück fort und versteckt sich erneut. Die Sandwespe kommt raus und entdeckt, dass die Nahrung weiter weg liegt. Sie zieht sie vor ihr Loch, geht hinein auf der Suche nach Gefahr. Der Wissenschaftler legt die Nahrung wieder ein Stück fort und versteckt sich hinter seinem Kaktus. Die Sandwespe kommt hervor und entdeckt, dass die Nahrung ein Stück weiter weg liegt. Sie zieht die Nahrung wieder vor ihr Loch, geht hinein und sieht sie sich um, ob Gefahren lauern. Wie lange das so weiter geht? Gegebenenfalls bis die Wespe stirbt! Sie zieht die Nahrung ein letztes Mal an die Schwelle zum Loch und stirbt den Hungertod. Erstaunlich. Die Sandwespe ist ein

Opfer ihrer Programmierungen. Das Genie des Menschen (oder des Wissenschaftlers in diesem Fall) ist eine gottgegebene Sache, die man **WAHL** nennt. Der Wissenschaftler könnte sagen: "Das ist ein idiotisches Experiment. Ich beende es jetzt." Leider ähneln die meisten Leute eher einer Sandwespe als einem vernünftigen Wissenschaftler. Sie geben ihre Wahlmöglichkeiten auf und verteidigen statt dessen ihre Programmierungen oder Überzeugungen bis in den Tod. Sie sagen vielleicht: "So bin ich nun mal," oder: "Ich war schon immer so," oder: "Ich kann meine Gefühle einfach nicht ausdrücken, das passt nicht zu mir." Sie werden sich entscheiden müssen, ob Sie Mensch oder Sandwespe sein wollen.

Die Lektion

Wenn Sie Macht über oder Möglichkeiten in Ihrem Leben haben wollen, dann ist dieses Konzept der Anfang. Archimedes, der große griechische Mathematiker, meinte einst: "Gib mir einen Hebel, der lange genug ist, und ich hebe die Welt aus den Angeln." Dieses Konzept ist der Hebel, der lang genug ist, um Ihre Welt an einen außerordentlich vortrefflichen Ort zu hebeln. Wir wollen uns diesem Konzept durch die Hintertür nähern und uns die Welt aus der Sicht eines Opfers ansehen:

Opferhaltung: Die Ansicht, dass einem etwas angetan wurde. Man wurde ausgenutzt oder benutzt. Es lag jenseits der eigenen Kontrolle.

Denken Sie an eine Zeit, in der Sie sich in dieser Rolle befanden. Vielleicht ein Autounfall, bei dem der andere Fahrer die rote Ampel ignoriert hat. Oder vielleicht ein Geschäft, bei dem man Sie irregeführt oder bei dem sich die Gegenseite nicht an ihre Verabredung gehalten hat. Oder vielleicht eine Beziehung, in die Sie Ihr Herzensblut investiert haben und schließlich doch verlassen wurden. Holen Sie sich diese Situation in allen Einzelheiten vor den Geist. Was haben Sie empfunden? Schmerz, Wut, Frustration, Hoffnungslosigkeit? Fühlten Sie sich wie ein Idiot? Überwältigt?

Nehmen Sie jetzt eine Münze aus dem Portmonee und betrachten

Sie die "Kopf"-Seite. Wenn man Sie fragen würde, diese zu beschreiben, würden Sie die Abbildung schildern, die Sie dort sehen. Fragte ich jemand, der gerade die andere Seite ansieht, würde dieser zu Ihrer Aussage sagen: "Das stimmt überhaupt nicht. Da steht eine Zahl und Schrift. Sehen Sie das nicht?" Natürlich nicht! Es sind zwei verschiedene Ansichten der gleichen Münze. (Vorder- und Rückseite.) Manchmal, in unserem Verlangen nach Richtigkeit - das eigentlich ein Wunsch ist, mit unserem Standpunkt recht zu behalten - lassen wir andere Standpunkte gar nicht erst zu. Selber eine Ansicht zu haben, heißt noch lange nicht, ein anderer Standpunkt sei schlecht. Es handelt sich lediglich um zwei verschiedene Ansichten.

Es ist wie in der alten Geschichte der fünf Blinden, die ein unbekanntes Objekt beschreiben sollen. Der Eine meint, es sei ein langes, dickes Seil, ein Anderer sagt, es sei eine massive Wand, der Dritte widerspricht vehement und sagt, es sei eine Säule aus einem kostbaren Stein, der Vierte nennt die anderen verrückt und behauptet steif und fest, es sei eine Abdeckplane und der Fünfte schließlich hält es für eine riesige Eidechse. Ein Sehender, der daneben steht, sagt den Blinden schließlich, dass es sich um einen Elefanten handelt. Die fünf Männer berührten unterschiedliche Teile des Elefanten und hatten daher unterschiedliche Standpunkte. Das Gleiche gilt für die Münze oder die Ansicht, man sei Opfer oder aber selbst verantwortlich.

Sichtweise des
Opfers

Sichtweise des
Verantwortlichen

Der Opferstandpunkt ist also nur die eine Seite der Münze. Ich werde Sie bitten, tief durchzuatmen und zur anderen Seite der Münze zu schreiten, in diesem Fall auf die andere Seite dessen, was durch Ihre Erinnerung an eine Opfergeschichte in Ihnen geweckt wurde. Statt mit einer Opferhaltung sehen Sie sich die andere Seite an, die des Verantwortlichen:

Verantwortlich sein: Die Ansicht, man sei selbst für seine Erfahrungen verantwortlich, da sie einer oder mehreren Entscheidungen entspringen, die man im Lauf der Zeit getroffen hat.

Lesen Sie diese Definition erneut. Es geht weder um Versagen noch um Schuld. Das ist ein völlig anderes Konzept, über das wir uns später unterhalten werden. Mal angenommen, meine Frau Roma und ich hätten Streit. Aus der Sicht eines Opfers klänge meine Geschichte in etwa so: "Sie hat mir nicht zugehört," oder: "Sie hat mich gekränkt." Es ginge nur darum, was sie mir angetan hat. Das ist eine Opferhaltung. Erzähle ich die Geschichte jedoch aus der Warte der Verantwortung, halte ich Ausschau nach Entscheidungen, die ich getroffen habe, und die etwas mit dieser Situation zu tun hat.

Auf der Suche nach relevanten Entscheidungen meinerseits stoße ich vielleicht auf die erste und wichtigste: Wer hat meine Frau geheiratet? Ich! Das heißt nicht, dass ich an dem Streit schuld bin, aber der Ehestreit wäre schlicht nicht möglich, wenn wir nicht verheiratet wären (eine der besten Entscheidungen, die ich jemals getroffen habe)!

Vielleicht habe ich entschieden (auch wenn das nicht bewusst geschah), ein anfängliches Signal oder ihre Bemerkung zu ignorieren, dass sie müde ist. Diese Entscheidungen machen mich nicht schuldig, sondern sind vielmehr die Ursache für diese Erfahrung. Vielleicht hatte ich mich entschieden, viel zu arbeiten oder zu reisen, weshalb sie das Gefühl hatte, sie sei mir nicht mehr so wichtig. Ich habe wahrscheinlich 100 und mehr Entscheidungen getroffen, die zu dieser Situation geführt haben. Nochmals, ich habe keine Fehler gemacht sondern vielmehr meine jetzige Erfahrung verursacht. Tun Sie nun also Ihr Bestes, alle Entscheidungen zu entdecken, die zu Ihrer Opfererfahrung geführt haben. Geben Sie sich Mühe, denn es ist vielleicht gar nicht so leicht. Legen Sie das Buch dazu ruhig ein paar Minuten zur Seite. (Vielleicht wollen Sie das Ganze aufschreiben.) Was haben Sie erfahren? Das können die unterschiedlichsten Gefühle sein. Sie waren vielleicht verdattert, spürten Unmut, waren aufgebracht, fühlten sich wie gelähmt, leugneten alles, usw.. Die Erfahrungen können sehr unterschiedlich gewesen sein. Weshalb? Weil man immer die unterschiedlichsten Erfahrungen machen kann. Wenn Sie auf Entdeckung aus sind, können Sie daher auch aus jeder Erfahrung etwas lernen. Die meisten Menschen empfinden dabei als Verantwortlicher weniger emotional denn als Opfer.

Lektion Nummer 1: **Opfer oder Verantwortlicher zu sein, hat nichts mit Wahrheit zu tun.** Wiederholen Sie das. Insbesondere, wenn Sie Widerstände dagegen empfanden, die eine oder andere Rolle einzunehmen. Diese Rollen haben nicht mit der Wahrheit zu tun sondern eine Menge mit der konkreten Erfahrung. Wenn Sie ein weißes T-Shirt mit einer dunkelgrünen Sonnenbrille ansehen (in der Opferrolle), sieht es grün aus. Sehen Sie es mit einer roten Sonnenbrille an (als Verantwortlicher), dann sieht es rot aus. Wissen Sie nun, wie das T-Shirt wirklich aussieht? Nein. Allerdings wird die Farbe Ihr Erleben prägen.

Sagen Sie sich das noch einmal, denn es ist der Schlüssel zu diesem Thema: **Die Rolle als Opfer oder Verantwortlicher hat nichts mit der Wahrheit zu tun sondern eine Menge mit der konkreten Erfahrung.** Wenn Sie etwas - egal was - aus der Opferrolle betrachten, wird es Ihnen unangenehm sein (Sie werden sich ärgern, oder unter Druck gesetzt, dumm, traurig fühlen, usw.) und es gibt keine Hoffnung auf eine Lösung des Ganzen. Per Definition kann man nicht sowohl Opfer sein und eine Lösung finden. Betrachten Sie Situationen jedoch aus der Rolle des Verantwortlichen, der selbst durch seine Entscheidungen die Ursache für seine Erfahrungen setzt: Was ist nun möglich? Alles! Das ist viel aufregender, denn nun ist es möglich, dass es sich so wendet, wie Sie es wollten. Ist das also die Garantie dafür, dass das auch geschieht? Nein. Aber die Chancen sind bedeutend größer. Als Opfer hat man null Chancen, eine Lösung zu finden, aber wenn man sich als Verantwortlichen betrachtet, dürften die Chancen bei 50 % liegen. Welche Chancen hätten Sie gern? 50 %? Dann schauen Sie sich alles durch die Brille des Verantwortlichen an. Nicht, weil es wahr ist (das weiß schließlich niemand), sondern weil es besser ist und die Chancen größer sind, dass es so wird, wie Sie es wollten.

Der Durchschnittsmensch sieht jedoch alles aus der Opferrolle. Sie sind ein Opfer der Wirtschaft, des Wetters, ihres Terminplans, ihrer Gefühle, des Bankkontos und all der anderen Lebensumstände. Lesen Sie das noch mal. Eine Führungspersönlichkeit lässt sich bei seinen Entscheidungen davon lenken, was ihm wirklich wichtig ist, egal ob das angenehm oder annehmbar ist oder ob es den Umständen entspricht oder nicht. Wenn jemand sagt: "Die Übung hat mir sehr geholfen," ist er dann Opfer oder verantwortlich? Er ist ein Opfer. Warum? Weil er behauptet, es sei die Übung gewesen und nicht er selbst. Immer wenn Sie jemand anderen oder irgend einen Umstand für die Ursache halten - handeln Sie als Opfer. Man übernimmt Verantwortung, wenn man sagt: "Ich habe mir mit der Übung sehr geholfen." Bedenken Sie immer, dass es nicht unbedingt wahr sein muss, sondern dass es darum geht, was die Haltung aus einer Erfahrung macht.

Wir entscheiden uns, die Dinge aus der Warte des Verantwortlichen zu sehen, weil uns das inspiriert und es die Lösungen ermöglicht, die wir gerne hätten. Machen Sie sich selbst für alles verantwortlich. Nicht, weil es wahr ist, sondern wegen der vielen Möglichkeiten, die Sie sich damit schaffen und weil es anregend ist. Machen Sie sich selbst für Ihr Leben verantwortlich und nicht Ihre Eltern oder wie Sie erzogen wurden oder die Firma, für die Sie arbeiten. Entscheiden Sie sich für den Standpunkt, nicht weil er wahr ist, sondern weil er Ihr Leben schöpferisch macht. Machen Sie sich selbst für Ihr Fühlen verantwortlich, statt das, was jemand anderer gesagt oder getan hat. Machen Sie sich selbst dafür verantwortlich, wie viel Sie verdienen und nicht die Wirtschaftslage, die Stadt, in der Sie leben oder Ihren Job. Machen Sie sich selbst dafür verantwortlich, welche Regierung regiert, wie es der Umwelt geht, für ALLES! Aus diesem Grund ist das Unternehmensziel von Klemmer & Associates eine Welt, die für alle funktioniert und bei der niemand draußen bleibt. Wir haben uns entschieden, dafür die Verantwortung zu übernehmen. Nicht weil es wahr ist, sondern weil es uns mehr Möglichkeiten eröffnet und aufregender ist. Immer wenn wir sagen: Ich kann nicht, weil... tun wir, als seien wir Opfer. Immer wenn wir sagen: Ich muss, weil... tun wir, als seien wir Opfer.

Man kann niemanden anderen verantwortlich machen, denn das ist eine Ansicht, die man entweder hat oder aber nicht. Aus dem selben Grund kann man Verantwortung auch nicht delegieren. Man kann sich nur dafür entscheiden, sie zu übernehmen. Autorität, das Recht, bestimmte Entscheidungen zu fällen, das kann man delegieren - Verantwortung nicht. Man kann die Leute nur dazu ermutigen, Verantwortung zu übernehmen, denn es handelt sich ja um eine freie Entscheidung.

Verantwortung zu übernehmen, heißt nicht, dass man schuld ist. Der Unterschied zwischen Schuld und Verantwortung ist so groß wie der zwischen Äpfeln und Birnen. Wenn Sie davon ausgehen, oder die Brille tragen, dass verantwortlich zu sein bedeutet, Schuld zu tragen, dann werden Sie nicht nach der eigenen Verantwortung fragen. Niemand will schuld sein. Mal angenommen, meine drei Kinder rennen durchs Haus, vorne weg der 20-jährige, dann der 18-jährige und zehn Schritte dahinter unser 12-jähriger. Der 18-jährige sieht, wie der 20-jährige einen Vorsprung bekommt und sprintet los, wobei er ihn anrempelt. Dieser fällt gegen einen Tisch und dadurch geht ein Glas Milch zu Bruch. Was hört man dann als erstes von seinem Kind? Ist nicht meine Schuld, Papa. Er rannte hinter mir her. Oder: Ist nicht meine Schuld; er hat mich geärgert. Oder: Ist nicht meine Schuld; ich habe nur zugesehen, Papa! Es ist in Ordnung, wenn kleine Kinder so etwas sagen. Aber es ist ziemlich daneben, wenn sie als Teenager oder gar Erwachsener immer noch so reden. Das tun jedoch die meisten Erwachsenen. Wenn Sie daran zweifeln, schlagen Sie einfach eine willkürliche Zeitung auf. Egal welches Thema: Es geht meistens darum, wer die Schuld trägt. Vielleicht die

Regierung oder die Eltern oder die Drogenbarone oder das Schulsystem, oder, oder. Im Bereich der Schuldzuweisungen gibt es keine Lösung. Das ist der Preis, den man für die Sicht durch diese Brille zahlen muss. Was wäre, in unserem Beispiel mit den rennenden Kindern, aus Sicht eines Verantwortlichen zu sagen? Der 20-jährige könnte sagen: Ich entschied mich, durch eine Wohnung zu rennen, in der ein Glas Milch auf einem Tisch steht. Er hätte sich anders entscheiden können. Er hätte sich seinem Bruder stellen, ihn ignorieren oder auslachen können. Verantwortung zu übernehmen heißt, dass meine Entscheidungen zu einer Erfahrung geführt, sie erschaffen oder ermöglicht hat. Das bedeutet natürlich nicht, der 20-jährige sei Schuld. Auch der 12-jährige könnte es aus der Warte seiner Verantwortung betrachten: Er entschied, nichts zu sagen aus Angst, er könnte sich ein paar einfangen. Keine Schuld, sondern eine Entscheidung. Auch ich als Vater habe tausende Entscheidungen gefällt. Ich habe mich entschieden, Kinder in die Welt zu setzen. Ich habe sie so erzogen, dass es in Ordnung ist, durchs Haus zu rennen. Ich habe mich entschieden, in dieser Zeit woanders zu sein. Keine dieser Entscheidungen bedeutet, dass ich schuld bin. Aus der Warte der Verantwortung habe ich Kraft, viele Möglichkeiten und fühle mich besser. Wenn Sie in irgend einer Situation ärgerlich sind, sich beschämt oder schuldig fühlen, dann sind sie immer noch auf der Suche nach jemandem, dem sie die Schuld geben können. Das ist in Ordnung, nur müssen Sie dann auch den Preis dafür zahlen: Unbeweglichkeit und Nullwachstum.

Machen Sie eine Liste all dessen, wodurch Sie im vergangenen Jahr zum Opfer geworden sind. Welche Ziele haben Sie sich gesetzt und nicht erreicht? Wem oder was haben Sie sich geopfert? Vielleicht sind Sie ein Opfer Ihres Alters? Oder eines Bildungsmangels? Oder eines Geldmangels? Erstellen Sie eine Liste von mindestens zehn Gelegenheiten, bei denen Sie Opfer gewesen sind. Falls Sie diese Liste nicht zusammen bekommen, dann schreiben Sie auf, dass Sie ein Opfer der Tatsache sind, dass Ihnen keine zehn Sachen einfallen. Falls wir hier mit einander kommunizieren, dann setzen Sie sich jetzt mit Ihrer Verantwortung auseinander. Und damit, dass Sie die Wahl hatten und haben. Steht auf Ihrer Liste ein Eintrag, bei dem Sie einfach nicht entdecken können, wie Sie dafür verantwortlich waren - dass Sie die Wahl hatten? Ja. Alles ist möglich. Heißt das, dass Sie nicht verantwortlich dafür waren? Nein. Bedenken Sie, es geht hier nicht um Wahrheit. Es bedeutet lediglich, dass Sie wissen, dass Sie auch für diese Tatsache verantwortlich sind - und es gilt: Wofür auch immer Sie Ihre Verantwortung nicht erkennen, da haben Sie keine Macht, finden keine Lösungen und fühlen sich unwohl.

In manchen Situationen muss ich darum kämpfen herauszufinden, wie ich dafür verantwortlich bin. Aber es sind bedeutend weniger als vor 20 Jahren, als ich mich auf den Weg persönlichen Wachstums begeben habe. Je mehr ich erkenne, wie ich für die Tatsache verantwortlich bin, dass täglich mehr als 40.000 Menschen den Hungertod sterben, desto mehr kann ich daran ändern. Einige Leser werden sich jetzt sagen: "Ich möchte nicht darüber nachdenken, dass ich für den Hungertod von 40.000 Menschen täglich verantwortlich bin. Das würde mich deprimieren und frustrieren." Wenn das so ist, dann "verstehen" Sie immer noch nicht, worüber wir sprechen. Wenn ich eine grüne Sonnenbrille aufhabe und etwas Weißes sehen will, was sehe ich? Etwas Grünes. Wenn man versucht, Verantwortung von einem einen Opferstandpunkt aus zu betrachten, was sieht man dann? Die Opferrolle, würde ich sagen. Haben Sie schon mal jemand sagen hören, dass er oder sie sich nicht noch mehr Verantwortung aufhalsen will? Dann betrachtet er das durch die Opferbrille. Damit verwandelt er aber diese inspirierende und Kraft gebende Idee der Verantwortung in eine Bürde, eine Pflicht, etwas Aufgezwungenes und Schweres.

An einem unserer Seminare nahm einmal jemand teil, der dafür extra aus China angereist war. Er war Politiker und hatte die Aufgabe, ein bestimmtes Gebiet dort zu industrialisieren. Der Grund für seine Teilnahme war, dass er herausfinden wollte, wie man das macht ohne die Umwelt zu verschmutzen. Ich mag Leute, die groß denken. Zwei Tage lang sagte er nichts. Ich bat ihn, mit mir zu reden, aber er schwieg weiterhin. Dann sagte ich: "Aha, ich verstehe. Sie verstehen ein wenig

Englisch, aber sind zu verlegen, zu sprechen." Ein breites Grinsen. Dann fragte ich ihn, wann er damit anfangen wollte einzusehen, dass er für sein Verständnis UND das aller anderen verantwortlich war. Er runzelte die Stirn. Etwa eine Viertelstunde später konnte ich sehen, wie ihm ein Licht aufging. Er begann, die Dinge anders zu sehen - seine Brille zu durchschauen. Wie ich das wusste? Weil er aufstand und chinesisch sprach. Zuvor hatte er sich als Opfer gefühlt, weil er nicht englisch sprechen konnte. Er begann seine Verantwortung zu erkennen - seine Entscheidungen zu sehen. Er hatte entschieden, an dem Seminar teilzunehmen und keinen Dolmetscher mitgebracht. Er hatte eine Menge Entscheidungen getroffen, die ihm seine derzeitigen Erfahrungen beschert hatten. Jetzt, da er begann, die Dinge aus der Warte der Verantwortung zu sehen, öffneten sich ihm eine Menge Optionen. Eine davon war, chinesisch zu sprechen. Jetzt hatte ich ein Problem. Ich konnte das aus der Opferwarte betrachten oder als Verantwortlicher. Ich entschied, das restliche Seminar an einem Ort durchzuführen, wo es mehr Asiaten gab. Außerdem sah ich mir die Teilnehmerliste näher an. Etwa zwei Stunden später fand der Politiker jemanden, der sein Chinesisch für uns ins Englische übersetze und umgekehrt. Diese Person hatte die ganze Zeit über am Seminar teilgenommen. Wenn wir durch die Opferbrille schauen, haben wir keine Optionen oder Lösungen. Übernehmen wir jedoch Verantwortung gibt es davon eine Menge.

Wichtig ist auch, dass Verantwortung haben, Rechenschaft ablegen und Autorität sein unterschiedliche Begriffe sind und etwas anderes bedeuten. Viele Teenager und Erwachsene bringen das durcheinander. Autorität ist das Recht, bestimmte Entscheidungen zu treffen. Rechenschaft abzulegen, heißt, dass man den Preis für seine Entscheidungen zu zahlen bereit ist. Verantwortung zu haben, heißt, die Wahl zu haben. Viele Leute möchten Autorität erlangen, ohne dafür in die Pflicht genommen zu werden. Teenager wollen häufig selbst entscheiden, wann sie nach Hause kommen, ohne jedoch dafür in die Verantwortung genommen werden zu wollen. Hitlers Grausamkeiten haben auch etwas damit zu tun, dass er den Leuten die Autorität gab, bestimmte Dinge zu tun, ohne dass sie dafür Rechenschaft ablegen mussten. Wenn Sie dem

Gesagten bis hierher gefolgt sind, können Sie Ihre Verantwortung nicht mehr abgeben, denn es gehört zu diesem Standpunkt, dass Ihre eigenen Entscheidungen zu Ihren jetzigen Erfahrungen führen. Jedes Mal, wenn der Preis für die Verantwortung groß ist, ist es leicht, so zu tun, als hätte man keine Wahl. Wir hatten aber die Wahl. Nur sind die Konsequenzen einschneidend. Wenn wir mit Teenagern arbeiten, sagen wir ihnen, dass Sie nicht zur Schule gehen müssen. Am Anfang streiten die Meisten das ab. Jedes Mal, wenn von einem "Muss" die Rede ist, nimmt man die Opferrolle ein, weil man keine Wahl hat. Es wird ihnen klar, dass sie sich dazu entscheiden könnten, nicht zur Schule zu gehen. Der Preis könnte darin bestehen, unter Hausarrest gestellt zu werden, aber sie könnten sich dennoch dafür entscheiden. Man macht völlig andere Erfahrungen, wenn man anfängt zu sagen: "Ich entscheide mich dafür," statt: "Ich muss." Wobei haben Sie das Gefühl, Sie "müssen" etwas tun oder sein? Versuchen Sie es mal mit: "Ich entscheide mich für..." Halten Sie durch. Ihre Erfahrungen werden anders aussehen, auch wenn das Gleiche wie bisher geschieht; vielleicht erkennen Sie auch neue Möglichkeiten und dass der Preis gar nicht so hoch ist, wie Sie gedacht hatten - und machen etwas ganz Neues.

"Realität ist etwas für
Leute ohne
Vorstellungsvermögen"

Kapitel Fünf

Denken heißt, etwas erschaffen

Die Frage: Denken Sie? Oder denkt Ihr Denken Sie?

Die Geschichte

Es war einmal ein Mann, der seinen Unterhalt als Fensterputzer verdiente. Er war nicht sehr glücklich und nahm deshalb an einem knackigen, positiv Denken- und Motivationstraining teil. Er dachte sehr positiv und war äußerst motiviert. Er ging wieder an die Arbeit und putzte ein Fenster im 15. Stock eines großen Hotels. Er sagte sich dauernd: "Ich bin ein großartiger Fensterputzer. Ich bin ein fantastischer Fensterputzer. Ich bin ein unglaublich guter Fensterputzer." Und während er sich das immer wieder sagte, riss sein Korb ab und er fing an zu fallen. Als er am Fenster im dritten Stock vorbei fiel, hörte ein Pärchen ihn sagen: "So weit, so gut, so weit, so gut!" Die Moral dieser Geschichte ist natürlich, dass er am Ende trotz seines positiven Denkens auf dem Boden aufschlug.

Die Lektion

Kurz zusammengefasst lautet die Philosophie, von der wir hier sprechen: "Denken heißt, etwas zu erschaffen." Das ist zwar eine simple Aussage, aber sie ist dennoch gar nicht so leicht zu verstehen. Vielleicht haben Sie schon einmal das Bibelzitat gehört [Sprüche Salomon 23:7] "Was des Mensch Herze denkt, das ist er." Oder was Napoleon Hill sagte: "Was der Mensch sich ausdenken und glauben kann, das kann er auch erreichen." Das Problem ist nur, bis Ihnen das in Fleisch und Blut übergegangen ist - haben Sie nichts davon. Denn was bedeutet Denken eigentlich? In der Geschichte vom Fensterputzer haben die positiven Gedanken offensichtlich nicht dazu geführt, dass er am Ende nicht auf den

Boden aufschlug. Das soll nicht heißen, dass positives Denken nicht gut sei. Es ist gut. Es geht nur nicht weit genug. Wenn Ihr Kind drogenabhängig ist, reicht positives Denken nicht aus. Wenn positives Denken ausreichen würde, um reich zu werden, gäbe es sicherlich eine Menge wohlhabende Menschen mehr. Bei der Erforschung dieser Grundprämisse für Meisterschaft im Leben, wollen wir uns das Diagramm einer Person ansehen, anhand dessen wir die verschiedenen Denkebenen verstehen können, die damit gemeint sind, wenn wir sagen: "Denken heißt, etwas zu erschaffen."

Das Diagramm könnte eine Schneegestalt sein. (Wie ein "Schneemann", nur politisch korrekt ausgedrückt.) Man könnte die drei Ebenen unterschiedlich benennen. Bleiben Sie bitte nicht an den Worten kleben, sondern spielen Sie Detektiv und erforschen Sie selbst das Konzept von den einzelnen Ebenen und dem Ganzen.

Die erste Ebene könnte man Kopf, Bewusstsein, niederes Selbst usw. nennen. Dazu gehören der Verstand, die Logik und die fünf Sinne. Wurden Sie jemals von einem Wecker geweckt? Als Sie schliefen, wer hörte da den Wecker? (Ich weiß, einige sagen jetzt: Mein Partner! Aber wenn Sie allein wären - wer hört ihn?) Sie selbst. Also bestehen Sie mindestens aus zwei Teilen: Der Teil, der schläft und der Teil, der das nicht tut. Der obere Teil des Bewusstseins (die 1) ist jener Teil, der schlafen geht. Der zweite Teil (2 im Bild) ist jener Teil, das Unterbewusstsein, das nie schläft, das den Wecker hört und Sie aufweckt.

Jetzt sehen Sie die dritte Ebene. Anders als die ersten beiden, die jeweils ein Kreis sind, ist diese Ebene als Halbkreis gezeichnet. Das soll darauf hindeuten, dass diese Ebene unendlich ist, wohingegen die anderen beiden Ebenen endlich sind. Ich nenne diese dritte Ebene Gott. Sie nennen sie vielleicht anders. Eine der Lektionen, die ich von meinen Kindern gelernt habe, hat mit den Namen zu tun, die sie mir geben - Paps, Dad, Vater, Stiefvater und Alter, unter anderen - und die nicht halb so wichtig sind wie die Einstellung, mit der sie mich ansprechen. Nennen Sie diese Ebene also so, wie Sie wollen.

Wenn ich sage: "Denken heißt, etwas zu erschaffen," was bedeutet das dann in Hinsicht auf die Abbildung? Die Geschichte von dem Fensterputzer, mit dem dieses Kapitel angefangen hat, zeigt klar, dass positives Denken nicht das Denken ist, auf das ich mich in meiner Aussage beziehe. Das ist Denken der Ebene 1, des Bewusstseins. Bewusstes Denken ändert die Ergebnisse nur sehr selten. Denken Sie mal intensiv daran und sagen Sie es auch laut: "Ich bin Bundeskanzler!" Hat Sie das zum Bundeskanzler gemacht? NEIN! Warum nicht? Sie haben es mit Ihrem Bewusstsein gedacht. "Denken heißt, etwas zu erschaffen," bezieht sich jedoch auf die zweite Ebene, auf die tief verwurzelten Überzeugungen darüber, wer Sie sind, wie das Leben funktioniert, was SIE für Erfolg halten und wie man ihn erreicht. Das ist die Brille, von der wir schon gesprochen haben.

Glauben Sie, dass Ihnen Ihre Erfahrungen geschehen, oder denken Sie, dass Sie Ihre Erfahrungen selbst erschaffen? Glauben Sie, Sie seien ein Körper oder mehr als das? Diese Art Gedanken sind gemeint: Fundamentale Überzeugungen. Nicht was wahr ist, sondern was Sie für wahr halten. Diese Gedanken reflektieren, was Sie für Realität halten. Ob die Welt eine Scheibe ist oder nicht, wird Ihre Reiseentscheidungen kaum beeinflussen. Was Sie jedoch über die Welt glauben, beeinflusst sie ganz wesentlich. Als die Leute die Welt für eine Scheibe hielten, reisten sie nicht so weit, aber als sie sie für eine Kugel hielten, ging es hinaus ins Weite. Nicht ob die Welt ein gefährlicher oder gemütlicher Ort ist, bestimmt Ihr Verhalten, sondern wofür Sie sie halten - und wie Sie glauben, mit ihr umgehen zu können, bestimmt, was Sie tun werden.

Nehmen Sie ein Blatt Papier und schreiben Sie Ihren Namen in 60 Sekunden so oft Sie können auf - Linkshänder mit der rechten und Rechtshänder mit der linken Hand. Schauen Sie sich die nächsten Absätze erst anschließend an.

Was haben Sie erfahren? Manche haben es getan, andere nicht - jedenfalls geht es nicht schnell. Einige haben sich richtig angestrengt - andere nicht. Manche haben sich Sorgen um das Schriftbild gemacht, andere nicht. Einige hatten Spaß dabei, andere hielten es für ausgemachten Unsinn und wieder andere fühlten sich darüber erhaben. Was haben SIE empfunden? Was führte zu diesen Gefühlen? Ich kann es Ihnen nicht sagen. Das wäre Wahrheit, und ich bin nicht Gott. Ich kann Ihnen aber verschiedene Gesichtspunkte oder Ansichten schildern und was ich selber dazu meine.

Wenn ich dies in einem Seminar mache, sage ich immer wieder an, wie viel Sekunden noch übrig sind und dass sie sich beeilen sollen. Gegen Ende zähle ich die letzten Sekunden runter. Wenn ich nach den Ursachen ihrer Empfindungen frage, sagen einige Teilnehmer, dass mein Ton sie irritiert hat. Andre meinen: "Der Countdown hat mir eine Menge Druck gemacht." Interessant ist, dass immer wieder jemand sagt: "Ich habe es nicht als Druck empfunden; ich war einfach neugierig." Wieder ein Anderer wird sagen, dass es ihm Schwierigkeiten bereitete, mit der ungewohnten Hand zu schreiben und jemand anderes wird meinen, dass er sich total frei gefühlt hat und sich keinerlei Sorgen darüber machte, wozu das alles führt. Wenn unser Erleben also das Ergebnis unserer Handlungen ist, wie kommt es dann, dass zwar alle das Gleiche gemacht haben, aber jeder etwas anderes erfahren hat?

Ich schlage daher vor, **dass man auf zwei fundamental unterschiedliche Arten und Weisen über die Welt denken kann.** Bei der einen Weise meint man, dass die eigene Erfahrung darauf beruht, was man selbst oder ein Andrer tut. Die meisten Menschen denken so. Man braucht nur zu hören, was sie sagen: "Na klar habe ich mich geärgert, mein Chef hat mich angeschrieen." Sie sind der Ansicht, dass Ihre

Erfahrung auf den Handlungen anderer oder Ihrer Selbst beruht. Als würde der Anschiss des Vorgesetzten den Ärger verursachen. "Natürlich fühle ich mich unsicher - ich wurde soeben gefeuert." Als hätte der Verlust der Arbeitsstelle irgend etwas mit den eigenen Gefühlen zu tun. Aber die meisten Leute glauben das.

Überzeugung 1: Tun = Erfahrung

Überzeugung 2: Denken = Erfahrung

Der Großteil der Menschen hält Überzeugung 1 für richtig, wie wir eben gesehen haben. Das Problem ist nur, wenn das so ist - ist man blockiert. Wenn sich die Umstände nicht ändern, ändert sich auch das Erleben nicht. Punkt um. Basierend jedoch auf dem einfachen Experiment eines Raumes voller Leute, die alle das Gleiche tun - die oben erwähnte Übung - aber unterschiedliche Erfahrungen machen, bin ich sicher, dass Überzeugung 2 unser Erleben steuert, also unser Denken der zweiten Ebene. Das ist die Brille, über die wir hier reden. Die Überzeugungen auf der zweiten Ebene bestimmen unsere Erfahrung, und zwar nicht nur, ob wir glücklich oder frustriert sind sondern auch, wie unser Kontostand aussieht, ob wir allein sind oder einen Partner haben, welche Arbeit wir machen, usw.. Die gute Nachricht dabei lautet, dass wir, wenn wir glauben, dass unser Unterbewusstsein unsere Erfahrung erschafft, bedeutend mehr Möglichkeiten haben, unser Denken zu ändern als andere Menschen oder die Umstände.

Wie ändert man sein Denken auf der zweiten Ebene? Schauspielerinnen, Wissenschaftler, Sportler tun es. Künstler tun es. Direktoren tun es. Religiöse Führer tun es. Gute Schüler tun es. Aber: Tun Sie es? Die Antwort lautet: Ja, Sie tun es. Jeder tut es. Es ist die einzige Sprache, die Ihre zweite Ebene, die man bisweilen Unterbewusstsein nennt, spricht. Die eigentliche Frage lautet, ob Sie das nur unbewusst machen, also ohne Richtlinie Ihres bewussten Selbst oder ob Sie bewusst Visualisierungen nutzen. Es hängt schlicht davon ab, ob Sie möchten, dass Sie die gleichen Chancen haben wie im Lotto oder ob sie etwas besser liegen sollen. Denn wenn Sie es nicht bewusst tun, wird Ihr Unterbewusstsein es machen, und zwar je nach Ihren Überzeugungen. Es erschafft immer nur wieder das, was Sie bereits haben.

Visualisierungen oder Vorstellungen sind vor allem deshalb effektiv, weil sie auf die zweite Ebene einwirken. Einige gläubige Menschen halten Vorstellungsvermögen und Visualisierung für eine "New Age" Geschichte. Aber in Wirklichkeit wird diese Fähigkeit in allen Religionen genutzt. Sie wenden es nur auf andere Art und für andere Zwecke an. 1996 nahm ich an einer Konferenz für christliche Führungspersönlichkeiten der Harrison International Seminars in Hawaii teil. Es war großartig. Wir gehen dort nun jedes Jahr hin. 1996 hatte ich die Ehre, als Redner aufzutreten und Oral Roberts war der Referent nach mir. Er sprach anderthalb Stunden über Visualisierungen. Egal, ob Sie ihn für gut oder schlecht halten, er ist auf jeden Fall ein Fachmann für die Bibel. Visualisierungen sind neutral. Es ist wie Geld: man kann es für etwas Gutes, den Bau eines Hauses zum Beispiel verwenden, oder für etwas schlechtes, Drogen etwa.

Ich habe die Olympionike und Weltrekordhalterin Marilyn King interviewt. Sie sagte: "Kein Sportler würde es sich zutrauen, auf dieser Ebene im Wettkampf mitzumachen, ohne irgend eine Form der Visualisierung zu verwenden." Von Wissenschaftlern, wie dem genialen Thomas Edison, ist gut dokumentiert, dass er Visualisierungen und sein Vorstellungsvermögen für seine Erfindungen einsetzte.

Visualisierungen sind allerdings etwas anderes als Vorstellungen. Visualisierungen sind bildliche Reproduktionen im Geist von etwas, das Sie gesehen haben. Schauen Sie auf den Teppich zu Ihren Füßen. Schließen Sie nun die Augen und sehen Sie ihn vor Ihrem geistigen Auge. Das ist Visualisierung. Manche Leute können sehr detailliert visualisieren. Bei anderen ist es viel schemenhafter. Dennoch ist beides Visualisierung. Stellen Sie sich nun einen schokoladenfarbenen Teppich vor. Das ist Ihr Vorstellungsvermögen am Werk. (Wir gehen davon aus, dass Sie noch nie einen solchen Teppich gesehen haben.) Das

Vorstellungsvermögen kann ein Bild von etwas erzeugen, das Sie noch nie zuvor gesehen haben. Auch hier sehen manche Leute detailliert, zum Beispiel alle Einzelheiten eines Schokoriegels, und andere sehen nur ein braunes Etwas. Was auch der Fall sein mag, es handelt sich um Vorstellungen, wenn Sie etwas noch nie zuvor gesehen haben.

Wie wendet man es bewusst an? Es gibt viele Methoden und Bücher zu diesem Thema. Lesen Sie sie. In diesem Buch halte ich es einfach. Sportler sehen, wie sie einen perfekten Pass abgegeben oder wie sie den Gegner aufhalten und nennen das meist mentales Training. Sie könnten das mit einem anstehenden Bewerbungs- oder Verkaufsgespräch tun oder die perfekte Interaktion mit Ihrem Kind vorbereiten. Negative Visualisierungen werden häufig Angst genannt. Sie visualisieren ein ungewünschtes Ergebnis und empfinden die damit einhergehenden Gefühle. Eine der einfachsten Methoden der Visualisierung nennt sich "mentales Kino." Visualisieren Sie eine Kinoleinwand oder Bildschirm in einem dunklen Rahmen vor. Projizieren Sie nun die jetzige Situation auf den Schirm oder die Leinwand. Mal angenommen, sie wohnen in einer Mietwohnung und wollen ein Haus kaufen. Sie würden sich also in Ihrer derzeitigen Wohnung sehen. Wie sie derzeit ist. Das alles auf einem Schirm oder einer dunkel umrandeten Leinwand oder Bildschirm. Ich stell mir so etwas immer vor, als würde ich es auf einem Schminkspiegel sehen, wie er im Theater gebräuchlich ist, dessen Lampen alle aus sind. Vielleicht nehmen Sie einen dunklen Holzrahmen oder lediglich eine dunkle Farbe. Nun geben Sie dem Rahmen eine helle Farbe und stellen sich das vor, was Sie wollen. Bei mir würden nun also die Lampen am Spiegelrand angehen, oder der Rahmen würde hell. Auf der Leinwand oder dem Bildschirm sehen Sie sich nun in einem Haus mit drei Schlafzimmern, sitzen an einem Tisch und unterschreiben den Scheck mit einem breiten Lächeln. Das war's schon.

Sie könnten sich auch bei einem Bewerbungsgespräch sehen, wobei Sie auf dem Bild mit dem dunklen Rand abgewiesen und auf dem mit dem hellen Rand angenommen werden. Manche Leute wollen wissen, weshalb erst das Bild mit dem dunklen Rand. Für mich hat das etwas mit

Wirklichkeit zu tun und der Tatsache, dass das Gehirn Bilder sehen will, die es für wirklich hält.

Stellen Sie sich ein schweres Motorrad vor und dass Sie den Hügel hinauffahren wollen, dass aber der Motor ausgefallen ist. Können Sie sich vorstellen, das schwere Teil den ganzen Hügel hochzuschieben? Eine Menge Arbeit. Stellen Sie sich nun vor, Sie drehen es um und lassen es ein Stück abwärts rollen und wenden dann, wobei Sie den Schwung dazu nutzen, aufwärts zu fahren. Das wäre ein Bild für das, was wir geistig machen müssen. Wenn Sie beispielsweise 100 Kilo wiegen und 25 loswerden möchten, dann haben die meisten mit Widerständen zu kämpfen, wenn sie sich vorstellen sollen, sie würden nur noch 75 Kilo wiegen. Erlauben Sie Ihrem Bewusstsein also, sich eine Weile auf dem dunkel umrandeten Schirm mit 100 Kilo zu sehen. Dann ändern Sie die Richtung und sehen sich auf einer hell umrandeten Leinwand mit 75 Kilo. Sie schaffen zunächst Schwung und richten ihn dann in die Richtung, die Sie sich wünschen. Das ist vielleicht aus Sicht eines Physiker ein schlechtes Beispiel, aber es erläutert das Grundprinzip gut, finde ich.

Während Sie die "Wunschbilder" in Ihr Unterbewusstsein säen, geht dieses an die Arbeit und sucht Lösungen. Beim Abnehmen würden Sie etwa entdecken, dass Sie nun viel disziplinierter sind, sich anders ernähren, das Essen stehen lassen, wenn Sie satt sind, usw.. Im Falle des Hauskaufs merken Sie auf einmal, dass Sie unterschiedliche Möglichkeiten besprechen, für die Sie zuvor noch nicht mal offen waren, oder plötzlich will jemand Geld investieren und Sie überlegen sich eine Partnerschaft. Müssen Sie sich das alles selbst ausdenken? Nein. Das ist die Aufgabe Ihrer Ebene 2. Das ist der Problem lösende Teil. Leider gehen die meisten Menschen all ihre Probleme und Herausforderungen mit der ersten Ebene an, mit Vernunft und Logik. Diese hat zwar eine wichtige Aufgabe, aber die liegt nicht darin Probleme zu lösen.

Waren Sie schon mal im Zirkus und haben jemand auf einem Elefanten reiten gesehen? Man tickt ihm mit dem Stock auf die linke Schulter und er wendet sich nach links. Man tickt woanders und er hebt einen Felsen hoch. Oder er verbeugt sich. Wer hat mehr Kraft: Mensch oder Elefant? Der Elefant!

Was würde geschehen, wenn der Erwachsene sagen würde: "Heute mach ich mal alles. Du kannst im Zelt bleiben." Der Mensch würde herzlich wenig erreichen und wäre am Ende des Tages kaputt. Aber die meisten Menschen verhalten sich so. Warum. Weil sie ihren Elefanten, ihre Nummer Zwo im Zelt gelassen haben, ihren Problemlöser.

Schon mal gehört: "Man erntet, was man sät." Das gilt innen wie außen. Ihre Nummer Zwei produziert Unkraut oder Blumen - das hängt davon ab, was Sie säen. Vernunft und Logik und die fünf Sinne wohnen in der Nummer Eins. Die kann allerdings nur wenig lösen. Dennoch richtet sich die ganze Bildung darauf. Ein Beispiel: Jemand will ein Haus kaufen. Normalerweise versucht man das mit dem Kopf zu lösen - mit Vernunft und Logik. Die Leute schauen, wie viel sie verdienen. Dann schauen sie, was sie monatlich ausgeben würden, wenn sie das Haus kaufen. Wenn Einkommen und Ausgaben nicht übereinstimmen, kaufen sie das Haus nicht. Ein ziemlich durchschnittliches und mittelmäßiges Verfahren.

Was, wenn der Elefant sagen würde: "Ich tue, wozu ich Lust habe. Bleibe du zuhause." Das wäre Chaos. Aber genau das machen die Leute, die ihre Vernunft in Ferien schicken und etwas Drogen nehmen oder zu viel Alkohol trinken. Im Wesentlichen ist unsere Programmierung ungezügelt und viele Überzeugungen, die wir haben, unterstützen uns nicht so, wie sie es eigentlich könnten.

Sie können sie auch nutzen, um Führung zu bekommen. Sie können sich vorstellen, dass Sie Jesus - oder wer auch immer Ihr göttlicher Helfer ist - oder Ihrem Vater oder einer Respektsperson ein Frage stellen. Was, wenn er oder sie nicht mehr lebt? Kein Problem. Eigenartig, meinen Sie? Keineswegs. Haben Sie sich bei einer Autofahrt jemals mit jemandem im Auto gestritten - obwohl niemand drin saß? Es war Ihre Fantasie. Sie haben das gleiche Prinzip negativ angewendet.

Häufig, wenn Sie jemandem in Ihrer Fantasie eine Frage stellen, bekommen Sie eine Antwort. Eigentlich ist niemand in Ihrem Kopf. Es ist nur Ihre Nummer Eins, die ein Gespräch mit Ihrer Nummer Zwei führt. Sie führen ein Selbstgespräch und nutzen dabei die Sprache Ihrer Nummer Zwei: Visualisierung. Psychologen sagen, dass diese Selbstgespräche den ganzen Tag hindurch ablaufen, dass wir uns dessen nur nicht bewusst sind. Unser Augenmerk liegt auf der objektiven Außenwelt. Waren Sie schon jemals in einem Zimmer und hörten den

Airconditioner erst, als Sie sich darauf konzentrierten? Nichts anderes geschieht hier: Sie konzentrieren sich auf das Selbstgespräch und lenken es in eine Richtung, die Ihrem Bewusstsein neue Gedanken bringt. So umgehen Sie die Filter Ihrer Vorurteile, Überzeugungen und Programmierungen.

Das Vorstellungsvermögen und Visualisierung ist der Schlüssel zum Elefanten. Übung macht den Meister. Wer Meisterschaft auf musikalischem Gebiet anstrebt, übt sich nicht nur manchmal oder wenn ihm danach ist. Er übt tagein tagaus. Regelmäßig und mit Ausdauer. Zum gleichen Zeitpunkt und am gleichen Ort. Er ist diszipliniert. Und das müssen Sie auch sein, wenn Sie Meisterschaft anstreben und ein Leben in Freiheit leben wollen.

Verpflichten Sie sich jetzt, in diesem Augenblick dazu, in den nächsten 30 Tagen jeden Tag zu einem bestimmten Zeitpunkt und an einem bestimmten Ort das Visualisieren zu üben. Stellen Sie sich vor, dass der Tag so läuft, wie Sie das wollen und dass Sie Ihr Ziel erreichen.

"Derjenige der weiß,
warum, wird immer der
Arbeitgeber desjenigen
sein, der weiß, wie."

Kapitel Sechs

Ihre Vision

Die Frage: Wozu leben Sie?

Die Geschichte

Als ich noch für Tom arbeitete, wollte dieser eines Tages meinen Lebensplan sehen. Ich sagte, dass ich keinen hätte. Er meinte, ich solle ihn aus dem Auto holen. Ich antwortete, ich hätte noch keinen Lebensplan verfasst. Er beklagte sich, dass ich nicht auf ihn hören würde - er hatte in seinem Buch Living Synergistically ausgeführt, dass man einen Lebensplan verfassen solle. Ich hatte diese Empfehlung für eine Metapher, ein interessantes Konzept gehalten. Das klingt jedenfalls besser, als zuzugeben, dass man zu faul oder undiszipliniert ist. Er murmelte ein paar Worte, die ich hier nicht wiedergeben werde und meinte dann: "Na gut, zeig mir deinen Fünfjahresplan." Ich musste zugeben, dass ich auch damit nicht dienen konnte. Er murmelte, dass er mehr von mir erwartet hätte. Schließlich meinte er, dass ich sicherlich meine Pläne für dieses Jahr aufgeschrieben hätte. Verlegen antwortete ich, dass ich mir zu Sylvester zwar ein paar Sachen vorgenommen hatte, diese aber nicht aufgeschrieben hatte. Da sagte er, ich solle nach Hause gehen und nicht mehr zurück kommen, bis ich einen Lebensplan zu Papier gebracht hätte. So etwas hatte noch kein Chef von mir verlangt. Ich war allerdings klug genug einzusehen, dass dies wohl der Anfang dauerhafter Ferien sein würde, sofern ich jetzt nicht mein Bestes gab.

Nach ein paar Tagen kam ich mit mehreren Seiten zurück und zeigte sie ihm. Ich werde den Ausdruck auf seinem Gesicht nie vergessen. Er sah sich an, was ich aufgeschrieben hatte und runzelte die Stirn: "Was ist das?" Ich antwortete, es sei mein Lebensplan. Ich war inzwischen ziemlich frustriert und ein wenig verwirrt. Ich hatte viel Arbeit reingesteckt und irgend etwas war offensichtlich immer noch nicht gut genug. Er sagte: "Dieser Lebensplan betrifft nur die nächsten 50 Jahre?" Ich erklärte, dass ich erst 27 Jahre alt sei und 77 für ein gutes Alter hielt. Dann sagte er, und zwar nicht im freundlichsten Ton, dass ich offensichtlich nichts verstanden hätte. Jetzt war ich in dem Zustand, den wir in Kapitel 3 besprochen haben. "Du hältst dich anscheinend für einen Körper, oder? Setzt du dir aus dem Grund nur Ziele für die Zeit, die du deiner Meinung nach lebst? Ist dir nicht klar, dass du zwar einen Körper hast aber keiner bist? Du bist ein spirituelles Wesen, dass zeitweilig einen Körper hat. Wenn du das verstanden hättest, würdest du dir Ziele für die nächsten 100 Jahre, 500 Jahre, für die Ewigkeit setzen. Und auch wenn du das nicht verstehst, dann müsstest du doch zumindest einsehen, dass du eine Auswirkung auf dein Familie hast und auf die Gemeinschaft und die Welt, nachdem du den Körper abgelegt hast und dieser den Würmern zum Fraß dient. Du hättest dir zumindest für die nächsten 100 Jahre Ziele gesetzt, wegen der Wirkungen, die dein Leben hat. Welche Art von Spiel willst du in deinem Leben spielen: Ein großes oder ein mickriges? Ein Spiel von Woche zu Woche oder ein 500-Jahresspiel?"

Ich kann Ihnen sagen, diese Erfahrung hat mir eine völlig neue Brille für Zielsetzungen verpasst.

Die Lektion

Die Größe Ihrer Ziele wirkt sich enorm auf Ihre Aktivitäten aus, auf das, was Sie tun werden und wie ausdauernd und darauf, welchen Preis Sie bereit sind, dafür zu zahlen. Wenn Sie keine großen Ziele haben, werden Sie wohl kaum bereit sein, einen hohen Preis zu zahlen, um sie zu erreichen.

Im letzten Kapitel war von einem Mann die Rede, der aus Rot-China bis nach Hawaii gekommen war, um an meinem Seminar teilzunehmen. Weshalb? Er war autorisiert, ein Gebiet im kommunistischen China zu industrialisieren und wollte das tun, ohne dabei die Umwelt zu verseuchen. Er kam zu dem Seminar, um diese Herausforderung zu meistern.

Große Träume? Ich war beeindruckt. Der große Traum erlaubte ihm, hohe Preise zu zahlen, wie die Reisekosten und an einen Ort zu fahren, wo er die Sprache nicht kannte und außerdem sieben Tage seiner kostbaren Zeit zu investieren. Wenn man keinen großen Traum hat, wird man wohl kaum bereit sein, einen hohen Preis zu zahlen!

Klemmer & Associates hat eine Abteilung, die sich um unsere Kunden im Network-Marketing kümmert. Ich erzähle diesen Leuten immer wieder, dass sie, bevor sie jemandem erlauben, sich an ihrem Geschäft zu beteiligen, unbedingt herausfinden sollten, ob sie einen großen Traum haben und ihnen gegebenenfalls zu einem verhelfen sollten. Denn sonst werden sie, sowie sie auf Widerstände stoßen - und das wird zweifelsfrei geschehen - das Geschäft an den Nagel hängen. Leute mit großen Träumen halten Gegenwind stand. Wenn wichtige Kunden, die zu den Fortune 500 gehören, eine Reorganisation durchführen wollen, fragen wir immer: Warum? Was ist ihr großer Traum? Denn wir wissen, dass die Veränderung zu Unruhe führen wird. Wenn Sie keinen großen Traum haben, werden sie aufgeben und zum Altbewährten zurückkehren.

Aber es gibt noch etwas Größeres als das Ausmaß Ihres Traumes, das einen Einfluss auf Ihre alltäglichen Aktivitäten hat - das Warum hinter dem Ziel: Ihre Vision. Wir könnten uns jetzt mit dem Warum hinter Ihren individuellen Zielen befassen und ich empfehle Ihnen das auch. Aber wir wollen hier das Ganze ein wenig verkürzen.

Weshalb leben Sie? Was ist der Sinn Ihres Lebens? Leben Sie nur, um zu überleben? Wenn das der Fall ist, dann entbehrt das nicht einer gewissen Ironie, denn Sie werden den Kampf auf jeden Fall verlieren. Leben Sie für Ihren Spaß? Spaß kommt und geht. Die Suche nach Spaß führt letzten Endes zu gähnender Leere. Ich kenne den Sinn Ihres Lebens nicht. Den müssen Sie selbst entdecken, wenn Sie Feuer und Leidenschaft im Leben haben möchten. Teil meiner Interpretation des biblischen Spruchs, "wo keine Vision ist, vergeht das Volk," lautet, dass wo ein Individuum, eine Firma, eine Nation oder was auch immer keine Vision hat, da schwindet er, sie, es langsam dahin. Entweder sterben die

Gefühle - werden taub - oder der finanzielle Tod oder gar der physische wird eingeläutet. Fragen Sie doch mal einen Versicherungsagenten, wie lange der Durchschnittsmann nach seiner Pensionierung lebt. Ich habe gehört, das beliefe sich auf drei Jahre. Ja, es gibt Ausnahmen, aber das ist der Durchschnitt. Vielleicht liegt der Grund dafür in der Tatsache, dass viele die Pensionierung zum Ziel haben, und wenn sie sie dann erreichen, vergessen, sich ein neues, darüber hinaus führendes Ziel zu setzen.

Wie oft haben Sie schon gesehen, dass jemand aus einer schlechten Ausgangsposition zum Sportprofi geworden ist? Nachdem sie aber diesen großen Traum verwirklicht haben und ihre Karriere am Ende ist, kehren sie schließlich wieder in die gleichen Umstände zurück. Sie haben vergessen, sich einen neuen Traum zu schaffen.

Wie kommt man zu einem großen Traum? Es gibt dazu drei Schlüssel. **Schlüssel 1:** Beginnen Sie mit dem, was momentan Ihr größter Traum ist. In einem Interview, das ich mit Wally Amos geführt habe, dem Begründer von Famous Amos Cookies, sagte dieser, dass er anfangs keine globale Vision gehabt hätte. Es war sein Traum, ein großes Geschäft zu haben, das Beste im ganzen Viertel. Das war der Anfang der Entwicklung. Vergleichen Sie Ihre Träume nicht mit denen anderer. Wenn Sie das tun, verlieren Sie unterwegs den Spaß. **Schlüssel 2** besagt, dass Sie sich im Moment noch keinerlei Sorgen darüber machen sollten, ob Ihr Traum denn auch "der richtige" ist. Sie können ihn jederzeit ändern. Stellen Sie sich vor, Sie seien ein Schiff im Hafen, das nicht ausläuft, weil Sie sich nicht entscheiden können, nach England oder Spanien zu fahren. Mal angenommen, Sie entscheiden sich für England und nachdem Sie weit draußen auf See sind, ändern Sie schließlich das Ziel und fahren nach Spanien. Sie sind bedeutend besser dran, als wenn Sie immer noch unentschlossen im Hafen lägen.

Ich kann mich noch daran erinnern, gedacht zu haben: "Gott, ich weiß, dass ich gut bin (ja, ich war ziemlich arrogant), aber du musst mir sagen, was ich tun soll." Ich glaubte nicht, Ihn zu hören, also machte ich nichts. Da bekam ich eines Tages Feedback. Es lautete, ich solle einfach anfangen und dann würde Er den Plan enthüllen. Machen Sie einfach ein wenig Fahrt. Ich dachte, es wäre gut, einem örtlichen Politiker zu helfen, der etwas ändern wollte. Nach einer Weile wurde mir klar, dass diese Seminare das eigentliche Mittel waren, wirklich etwas zu ändern. Ich war schon weiter, als wenn ich zuhause geblieben wäre und nichts getan hätte. Das führt uns zu **Schlüssel 3**. Öffnen Sie sich Gott für Ihre Vision. Dank einem Teilnehmer an einem meiner Seminare, Jeff Chatsworth, heute einem Freund, gewann ich eine wichtige Einsicht. Er benutzte die neue Bibelübersetzung. Er meinte, der von mir häufig zitierte Bibelspruch, "wo keine Vision ist, vergeht das Volk," sei nicht richtig übersetzt, es hieße "Offenbarung" und nicht "Vision." In einer Offenbarung wird enthüllt, was bereits existiert. Man sucht aktiv nach Gottes Willen, wie auch immer Sie Ihn nennen. Wie man ihn in Erfahrung bringt? Indem man die Geräusche der Welt, in der wir leben, ausschließt und betet oder meditiert.

Suchen Sie sich also eine Vision und setzen Sie sich in Bewegung. Was ist der Unterschied zwischen einer Vision und Zielen? Visionen ergeben den Sinn, das Warum. Ziele lassen sich erreichen, oder aber nicht. Vision ist eher eine Richtung. Sie kennen kein Ende. Ziele sind endlich. Entweder wir erreichen sie oder nicht. Ohne Sinn findet man keine Erfüllung. Aktivitäten sind das, was wir tun. Sehen Sie sich folgendes Diagramm an:

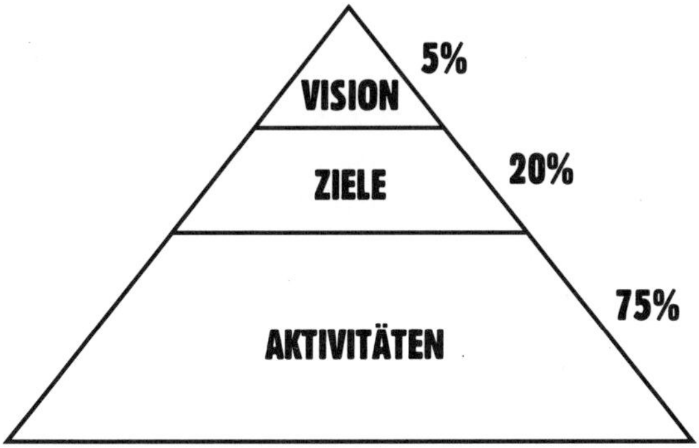

Meiner Erfahrungen nach, konzentrieren sich Die meisten

Menschen auf Aktivitäten (75 %). Ehemänner definieren sich demnach nach dem, was sie tun: Leute kontaktieren, die Kinder zur Schule fahren, gute Verkäufe tätigen, usw. usf.. Das Gleiche gilt für Ehefrauen, Vorgesetzte, Mitarbeiter. Ein kleiner Prozentsatz der Menschen sind zielorientiert (20 %). Fragen Sie willkürliche Ehepaare nach dem Ziel ihrer Ehe: Eines von 5 hat wahrscheinlich ein Ziel. Fragen Sie Leute nach dem Einkommen, dass sie in diesem oder den nächsten fünf Jahren anvisieren. Die Meisten haben kein Ziel sondern machen einfach ihren Job. Zielorientierte Leute erreichen Ziele. Setzen Sie sich also Ziele und schreiben Sie sie auf. JETZT!

Schreiben Sie Ihre Lebensgeschichte auf. Damit meine ich, schreiben Sie Ihre Ziele für das nächste Jahr auf und für die nächsten 5, 10, 20, 50, 100, 500 Jahre. Sie lachen? Wie groß soll das Spiel sein, das Sie spielen möchten? Das liegt ganz bei Ihnen. Wenn Sie jedoch bei Zielorientierungen stehen bleiben, werden Sie höchstwahrscheinlich einen Burnout erleiden. Kennen Sie Leute, die an Burnout leiden? Sie sind höchstwahrscheinlich zielorientiert. Sie setzen sich das Ziel, 50.000 pro Jahr zu verdienen. Und erreichen es. Dann setzen sie sich das Ziel, 100.000 pro Jahr zu verdienen. Und erreichen es. Nun setzen sie sich das Ziel, 150.000 pro Jahr zu verdienen. Und erreichen es. Und irgendwann erleiden sie einen Burnout. Warum? Weil sie nicht mehr wissen, WARUM sie das alles tun.

Was ist der Sinn oder die Vision? Weshalb verdienen sie Geld? Das Warum ist der Brennstoff, der die Ziele nährt. Wenn wir Seminarleiter trainieren, dann müssen sie zunächst alles aufschreiben, was wir tun und anschließend, weshalb. Warum stellen wir die Stühle so hin, wie wir das tun? Warum erzählen wir eine bestimmte Geschichte und warum erzählen wir sie zu diesem oder jenem Zeitpunkt? Wenn Sie wissen warum und die Umstände ändern sich, können Sie Ihr Handeln anpassen, damit Sie den ursprünglichen Zweck erfüllen. Das ist überall so. Wenn Sie wissen, was zu tun ist, dann können Sie nur das tun, auch wenn es nicht mehr den ursprünglichen Zweck erfüllt oder funktioniert. Im abgebildeten Diagramm fängt man also von oben an. Wenn Sie eine

Vision haben, werden Sie sich dann Ziele stecken? Ja. Wenn Sie Ziele haben, werden Sie dann Aktivitäten entwickeln, um diese Ziele zu erreichen? Sicherlich. Und sie werden alle zusammenpassen und das ist INTEGRITÄT.

Fangen Sie hingegen unten an, dann schaffen Sie es vielleicht nicht bis nach oben und es kann sein, dass das Ganze nicht zusammenpasst. Sie führen kein erfülltes Leben. Sie sind vielleicht ein guter Arzt, Vater oder Lehrer, aber Sie empfinden keinerlei Erfüllung, weil Ihr Leben seinen Sinn nicht erfüllt. Aus diesem Grund haben so viele Unternehmen ein "Mission Statement." Viele Leute geben Jahre daran, viel Geld zu verdienen, um Sicherheit zu erlangen, nur funktioniert das nicht richtig. Ich kenne persönlich eine Reihe Leute, die über eine Million besitzen und Angst haben, das Geld wieder zu verlieren. Sie sind immer noch nicht sicher. Bei ihnen passen die Dinge nicht zusammen. Sie haben das Warum nicht erforscht und ob das, was sie tun, dieses Warum erfüllt. Einige der besten Dinge, die ich je über Visionen gesehen habe, stammt von Richard Brook, dem Chef von Oxyfresh. Lesen Sie sein Buch Mach II. Lassen Sie sich von dem eigenartigen Titel nicht verwirren. Es ist ein gutes Buch von jemandem, der Ergebnisse vorzuweisen hat. Ich halte es für ein absolutes Muss.

Wir wollen uns einen Moment mit Aktivitäten befassen. Aktivität und Produktivität. Listen Sie all Ihre gestrigen Aktivitäten auf. Hören Sie jetzt auf zu lesen und schreiben Sie sie hierunter auf:

Nehmen Sie sich nun die einzelnen Einträge vor und entscheiden Sie, ob sie produktiv gewesen sind (d.h. ob sie Einkommen produziert oder Sie in Richtung Ergebnisse bewegt haben) oder ob es einfach nur Aktivitäten waren - Geschäftigkeit. Markieren Sie die produktiven Eintragungen. Wie viel Zeit haben Sie mit produktiven Dingen verbracht und wie viel mit reiner Geschäftigkeit?

Ich höre häufiger von Unternehmern, dass sie hart arbeiten aber kaum Geld verdienen. Wir erforschen dann gemeinsam, wie sie ihre Zeit verbringen und was davon reine Geschäftigkeit ist. Sie spielen "Büro" statt Kunden an Land zu ziehen. Sie machen Pläne, kümmern sich um Broschüren, organisieren den Papierkram, entwerfen Visitenkarten usw., statt sich ans Telefon zu setzen und mit einem potentiellen Kunden eine Verabredung zu treffen. Haben Sie sich zu Aktivitäten verpflichtet oder zur Produktivität?

"Gleichgewicht ist der Schlüssel zu Kraft und innerem Frieden."

Kapitel Sieben

Gleichgewicht

Die Frage: Verbringen Sie mehr Zeit im Bad als mit der Kommunikation mit Ihren Lieben?

Die Geschichte

Visualisieren Sie einen rechteckigen Holzblock von 6 x 6 x 30 Zentimeter. Auf diesem Block steht die Drahtfigur eines Mannes oder einer Frau. Die Figur hält in jeder Hand einen runden Ball. Wenn man die Figur bewegt, schaukelt sie zwar hin und her, fällt aber nie um. Das Gleichgewicht ist so verteilt, dass die Figur letztlich immer wieder aufrecht steht. Gleichgewicht ist der Schlüssel zu Kraft und langfristigem inneren Frieden.

Visualisieren Sie eine Glühbirne von 75 Watt. Die Energiemenge, mit der man diese zum Leuchten bringt, kann 20 Zentimeter dickes Stahl durchschneiden! Mehr Energie ist nicht nötig, aber sie muss in einem Laser konzentriert sein. Konzentration ist der Schlüssel zu Ergebnissen, wird aber häufig als Gegenpart zum Gleichgewicht betrachtet, obwohl das nicht so sein muss. Gleichgewicht und Konzentration sorgen für maximale Ergebnisse.

Die Lektion

In letzten Kapitel haben Sie Ihre Vision in Augenschau genommen. Warum Sie leben. Wenn man sich Ziele setzt, die diese Vision unterstützen, ist es empfehlenswert, dies mit einem Sinn für Gleichgewicht zu tun. Haben Sie einen Körper? Ja. Das ist eine leichte Frage. Welche Naturen oder Körper haben Sie außer dem physischen Körper Ihrer Meinung nach noch? Haben Sie eine emotionale Natur? Natürlich haben Sie das. Sie haben Gefühle. Was ist mit der mentalen Natur? Was mit einer spirituellen

Natur? (Damit meine ich nicht irgend ein religiöses Dogma sondern die Verbindung zu einer höheren Macht, einem unendlichen Wesen - wie Sie es auch immer nennen mögen).

Es gibt eine alte Tradition, nach der Sie und ich eine Art Quadrat sind. Jeder hat vier Seiten: die physische, emotionale, mentale und spirituelle Seite. Was macht ein Quadrat zum Quadrat? Dass alle Seiten gleich lang sind und in einem rechten Winkel zu einander stehen. Dahinter steht der Gedanke, dass wir uns erst dann im Gleichgewicht befinden, wenn alle vier Naturen in uns entwickelt sind. Dieses Gleichgewicht führt zu Zufriedenheit, zu innerem Frieden und Macht über unser Leben. Leider entwickeln wir durch Einflüsse unserer Familie, Gesellschaft und anderer Menschen nicht alle vier Seiten ebenmäßig.

Damit will ich nicht sagen, dass Sie dieses Quadrat wären, denn Sie sind nicht Ihr Körper. Sie leben in ihm, haben somit einen. Vielleicht sind Sie auch nicht Ihr Fühlen und Denken. Das führt zu einer Frage: Wer sind Sie? Das ist eine sehr wichtige Frage und sie verdient Ihre Aufmerksamkeit und Energie.

Bevor wir darüber reden, wer Sie wirklich sind, wollen wir das Quadrat dazu nutzen, uns selbst einzuschätzen. Schätzen Sie sich auf einer Skala von 1 bis 10 körperlich ein, wobei eine 10 das vollkommene Gewicht, Ausdauer, Blutdruck etc. wäre und eine 1 der totale körperliche Bankrott: Andauernd krank, sehr niedriger oder hoher Blutdruck, usw.. 5 wäre Mittelmaß.

Seien Sie ehrlich (machen Sie nur, es schaut Ihnen ja niemand zu). Machen Sie nun das Gleiche für die emotionale Seite. Wie drücken Sie Ihre Gefühle aus? Eine 10 würde bedeuten, dass Sie Ihre Gefühle perfekt ausdrücken. Jeder versteht Sie genau. Sie können jederzeit eine breite

Gefühlspalette äußern. Eine 1 würde hingen bedeuten, dass Sie Ihre Gefühle kaum ausdrücken können, entweder, weil Sie sie völlig unterdrückt haben und 'taub' sind oder weil Sie jegliche Kontrolle über Ihre Gefühle verloren haben. 5 ist wieder Mittelmaß. Seien Sie ehrlich.

Schätzen Sie sich mental ein. Manche schätzen das anhand ihrer formalen Bildung ein. Als ich diese Übung erstmals machte, ordnete ich mich weit oben auf der Skala ein, denn schließlich war ich in West Point gewesen, hatte hervorragende Noten erzielt und ein Diplom. Mein Mentor fragte mich, ob ich mich für klug hielt. Ich antwortete mit einem überzeugten Ja. Dann fragte er mich, weshalb ich noch nicht reich wäre, wenn ich denn so klug sei, und noch nicht die Frau hätte, die ich haben wollte. Und obwohl ich es ungern zugab, erkannte ich, dass ich zwar einen Haufen Informationen im Kopf hatte, dass das aber nicht bedeutete, dass ich mental entwickelt war. Also gab ich mir eine 5. Ich glaube also, dass man seine mentale Entwicklung besser an anderen Dingen misst, auch wenn Bildung sicherlich eine Rolle spielt. Ihr Einkommen gehört dazu. Wenn Sie eine halbe Million im Jahr verdienen, eine weitere auf der hohen Kante haben oder wenn Sie mehr einnehmen als Sie ausgeben, geben Sie sich eine 10 in diesem Bereich. Falls Sie Ihre monatlichen Rechnungen jedoch nicht zahlen können, stehen Sie näher bei der 1. Sie könnten auch die Größe der Probleme nehmen, die Sie lösen können: Wenn Sie globale Probleme lösen können, geben Sie sich eine 10. Schaffen Sie es noch nicht einmal, heute die richtige Einstellung hinzukriegen, geben Sie sich eine 1. Seien Sie ehrlich.

Jetzt ist Ihre spirituelle Entwicklung dran. Eine 10 würde bedeuten, dass Sie eine vorzügliche Beziehung zu Ihrem Schöpfer haben. Sie kennen den Sinn Ihres Lebens und erfüllen ihn. Sie berücksichtigen andere bei allem, was Sie tun, und fühlen sich mit dem Rest der Menschheit verbunden. Sie achten darauf, dass andere genauso viel gewinnen, wie Sie selbst. Eine 1 hingegen würde bedeuten, dass Sie sich selbst für den Schöpfer halten. Bei einer 1 dreht sich alles um Sie und was Sie davon haben. Sie kennen weder den Sinn Ihres Lebens noch glauben Sie überhaupt an so einen Unsinn, etc. Seien Sie ehrlich.

Jetzt verdichten Sie die vier Zahlen zu einer Grafik im Quadrat, wobei die Linien jeweils so lang sind, wie die Zahlen, die Sie sich gegeben haben. Wenn Sie beispielsweise körperlich eine 8 haben, dann ziehen Sie eine vertikale Linie von 8 Zehntel der Gesamtstrecke. Bei einer 2 sollte sie somit 2 Zehntel lang sein. Ziehen Sie nun die zweite Linie von unten rechts nach links im Verhältnis zu der Zahl, die Sie sich für Gefühl gegeben haben. Anschließend ziehen Sie die dritte Linie für Ihre mentale Entwicklung von unten nach oben und die vierte für Ihre Spiritualität von oben links nach rechts.

Hier abgebildet ist meine Linie aus 1975 als ich das Viereck erstmals zeichnete.

Ich hatte mir körperlich eine 7 gegeben. Ich war in der Armee und lief täglich drei Meilen und war ziemlich gut in Form. Auf der emotionalen Ebene gab ich mir eine 2. Ich war so erzogen, dass Männlichkeit gleichbedeutend war mit emotionaler Verdrängung. Es war nicht in Ordnung, wütend zu sein. Und man sagte keinesfalls: "Ich liebe dich." Ich war, was man bisweilen einen Stoiker nennt. Meine emotionale Seite war also kaum entwickelt. Die 2 war wahrscheinlich reichlich übertrieben, aber ich wollte nicht schlecht aussehen! Auf der spirituellen Ebene gab ich mir eine Null, denn schließlich war ich mit dem Grundsatz aufgewachsen: "Die Welt ist grausam" und: "Jeder ist sich selbst der Nächste." Der Vietnam-Krieg war gerade erst zuende und ich war zynisch. Wenn es einen Gott gab, hatte er schlechte Arbeit gemacht. Mein Leben hatte keinen Sinn, sofern er mir bewusst war, also war eine Null angebracht. Vergleichen Sie Ihre Grafik nicht mit meiner. Seien Sie einfach ehrlich. Machen jetzt Sie Ihre Grafik.

Die Grafik bei manchen Lesern wird ausgeglichen sein und bei anderen nicht. Meine war, wie Sie ja gesehen haben, ziemlich unausgeglichen. In welchem Bereich hatte ich damals Ihrer Meinung nach die meisten Ziele? Körperliche Fitness und Ernährung; noch mehr Ausbildungen. Nicht, dass das schlecht gewesen wäre, aber eine ausgeglichene Entwicklung förderte es nicht gerade. Ich gab mir immer mehr Mühe und die Ergebnisse wurden dennoch immer spärlicher - das Gesetz des abnehmenden Erfolgs.

Nach dieser Übung setzte ich mir Ziele im Bereich Selbstausdruck, Beziehungen und Spiritualität. Was geschah? Ich wurde viel zufriedener und empfand mehr inneren Frieden, wobei sich ganz nebenbei mein Einkommen verdoppelte. Es war, als hätte ich mich - wie ein Gummi - nur in eine Richtung gestreckt und bevor ich mich wirklich erweitern konnte, musste erst ein größeres Gleichgewicht her.

Bei manchen Lesern ist die Grafik sicherlich ziemlich ausgeglichen. Ein Baby ist im Gleichgewicht: 1 - 1 - 1 - 1. Beim Leben geht es um Wachstum in jede Richtung. Wenn Ihr Viereck ein ausgeglichenes Quadrat von 7 - 7 - 7 - 7 ist: Wie können Sie dann im Gleichgewicht bleiben und in allen Richtungen wachsen? Wenn Sie dann zu 10 - 10 - 10 - 10 kommen entdecken Sie wahrscheinlich, das die Skala eigentlich bis 100 geht. Das Leben ist kein Ziel sondern ein Reise.

Ausgehend von diesem Modell wollen wir einen Moment lang über Wachstum und Beziehungen reden. Mal angenommen, Sie sind ein Mann und in einer Welt aufgewachsen, in der Muskeln die wichtigste Rolle spielen. Sie sind auch ziemlich populär und die hübschen Mädchen liegen Ihnen zu Füßen. Außerdem wird in Ihrer Welt viel Wert auf Bildung und Geld gelegt. Sie verdienen nicht schlecht und Geld stinkt nicht. Ich will hier nicht sagen, dass Sie oder alle Männer so sind, sondern es soll nur ein Beispiel sein. Das Viereck einer solchen Person sähe dann in etwa so aus:

Und nun stellen wir uns eine Frau vor, die in einer Welt aufgewachsen ist, wo Gefühle eine große Rolle spielen, ebenso wie Intuition und Spiritualität - zu viele Muskeln bringen's nicht, die Jungs mögen das nicht, und zu schlau solltest du auch nicht sein. Vielleicht ging ihr Bruder studieren, aber für sie war kein Geld mehr da. Ich will damit wiederum nicht sagen, dass alle oder viele Frauen so sind. Ihr Viereck würde so aussehen:

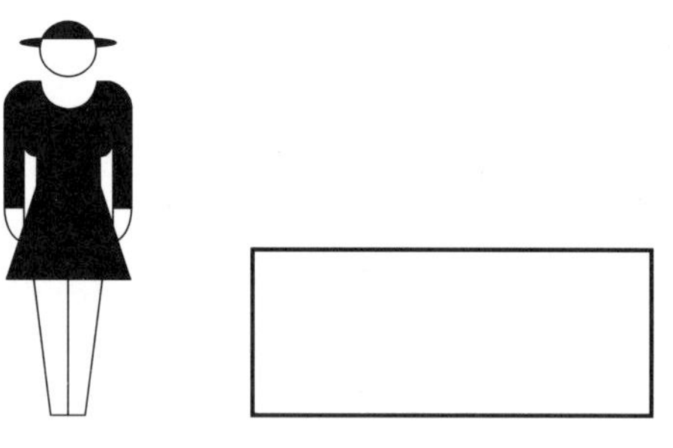

Der Mann und die Frau kommen zusammen, aber sie werden kaum lang und glücklich zusammenleben. Warum? Sehen Sie sich doch mal an, wie sich ihre Vierecke überlappen:

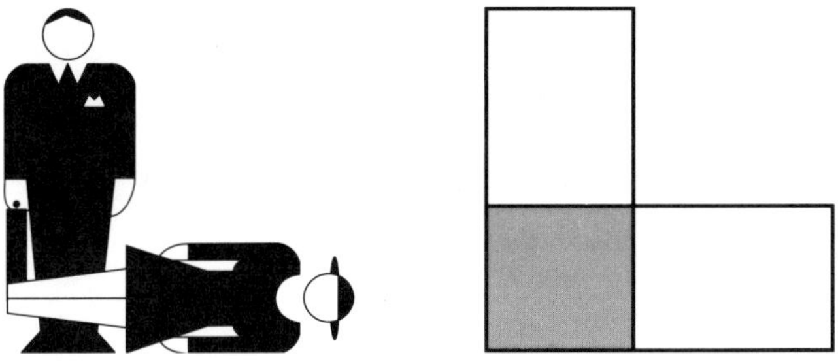

Kaum. Aber ihre Beziehung beschlägt eben nur jenen Bereich, wo sich ihre Vierecke überlappen. Er ist vor allem vernünftig und logisch und meint: "Du liegst voll daneben." Sie empfindet vor allem gefühlsmäßig und sagt: "Ich verstehe nicht, warum du das nicht nachfühlen kannst."

Wenn beide ihr Viereck erweitern, wird der Bereich, wo sie sich überlappen, größer. Sie können sich besser auf einander beziehen und bekommen ein besseres Verhältnis zu einander - und das auch, wenn nur einer von beiden wächst. Wachsen hingegen beide, dann erhöht sich die Beziehungsqualität exponentiell und wird sehr viel reicher.

Nehmen Sie sich die Zeit und schreiben Sie für jede Seite des Quadrats Ziele auf. So viele Sie können. Halten Sie sich nicht allzu lange mit der Frage auf, zu welchem Bereich sie gehören, machen Sie einfach eine Liste und ordnen Sie sie der Seite zu, wo Sie Ihrer Meinung nach hingehören.

Kapitel Acht

Einheit oder Abkapselung

Die Frage: : Was wäre, wenn Ihr Vorgesetzter und Sie durch eine Nabelschnur verbunden wären?

Die Geschichte

1985 leitete ich einen Workshop für religiöse Führungspersönlichkeiten. 53 Teilnehmer aus verschiedenen Glaubensrichtungen waren anwesend: Katholische Priester, jüdische Rabbis, Mormonen, Pfingstler, Methodisten, Unity-Anhänger, Sieben Tage Adventisten und mehrere andere. Am Anfang dachten Sie, dass ich mit ihnen über Theologie reden würde. Stattdessen sprachen wir darüber, was ihnen wichtig war (bessere Predigten, ein glücklicheres Familienleben, weniger Stress, Wachstum der Gemeinde, etc.). Wir erforschten, welche ihrer Überzeugungen sie daran hinderten, das zu erreichen, was sie eigentlich erreichen wollten. Alle verkündeten Liebe, aber anfangs weigerten sich einige, neben bestimmten anderen zu sitzen. Sie sprachen alle von der Menschheit als einer Familie und dennoch begannen viele das Seminar, als wären andere Teilnehmer und ich Feinde, die bekehrt werden müssten. In einer Übung zum Thema Leitung geben, lachte die eine Gruppe die andere buchstäblich aus, weil sie nicht zuhörten und verstehen wollten, dass es möglich gewesen wäre, eine Situation herzustellen, in der alle hätten gewinnen können. Und genau in dem Moment wurde ihnen klar, dass sie die anderen verurteilten und dass dies eigentlich keine Situation ist, in der beide Seiten gewinnen. Die Erkenntnis, dass der Unterschied zwischen dem, was wir zu glauben meinen und dem, was wir tatsächlich glauben, groß ist, ist oft ziemlich hart. Nachdem die Teilnehmer diesen Schleier durchdrungen, beziehungsweise diese Brille durchschaut und gesehen hatten, was sie in Wirklichkeit glauben, ereigneten sich bemerkenswerte Verhaltensänderungen. Nach einer Pause erzählten ein Rabbi und ein Prediger der Sieben Tage Adventisten, sie hätten darüber geredet, dass ihre Kinder nicht am Fußballklub der Gemeinde teilnehmen konnten, weil Samstag bei ihnen beiden ein Festtag ist. Sie beschlossen, einen gemeinsamen Fußballklub für Juden und Sieben Tage Adventisten zu gründen, der an Sonntagen spielt.

Die Lektion

Win-Win, wenn also alle Beteiligten gewinnen, wird als Begriff immer populärer, ist aber schon eine ziemlich alte Idee. Die Popularität ist vielleicht Stephen Coveys Buch Die 7 Wege zur Effektivität zu verdanken. Buckminster Fuller hat Pionierarbeit zu diesem Thema geleistet. Martin Luther King redete in seinen Vorträgen darüber, dass alle Rassen Nahrung, ein Dach über dem Kopf und in Harmonie zusammen leben wollen. Mahatma Gandhi arbeitete für den Frieden zwischen Briten, Indern, Hindus und Muslimen.

Weshalb orientieren sich also nicht mehr Menschen an Win-Win? Weil die allermeisten Menschen davon ausgehen, dass wir von einander getrennt sind - abgekapselt und aufgewachsen in einem Körper, der von denen anderer getrennt ist. Der eine ist männlich, der andere weiblich. Hat man diese Brille erst einmal auf der Nase, filtert sie alles in ein Wir und Sie: Christen gegen Muslime, Konservative gegen Liberale, Reiche gegen Arme, Geschwätzige und Schweigsame, Alte und Junge, Amerikaner gegen Mexikaner usw.. Ist man erst einmal so gepolt, dann ist es ganz egal, wie viele Bücher über Teamarbeit Sie lesen, Sie werden dem Leben nicht als Team entgegen treten. Vielmehr stehen die Mitarbeiter gegen das Management oder die eine Abteilung gegen die andere. Einzelne kämpfen um begrenzte Ressourcen. Unser Verhalten wird gesteuert von unseren Annahmen über die Wirklichkeit und wer wir sind - **NICHT** davon, was wir wollen, **ODER** davon, was gut für uns wäre **UND AUCH NICHT** davon, was man uns vorhält.

Stellen Sie sich zwei Inseln vor. Die eine ist die wundervolle Insel Maui und die andere die sehr viel kleinere, kargere Insel mit dem Namen

Koho'alawe. Koho'alawe ist unbewohnt und wurde viele Jahre als Bombenabwurfplatz vom Militär benutzt. Wenn Sie und ich durch das Meer zwischen den beiden Inseln fahren, springen die Unterschiede ins Auge: Die eine ist groß, die andere klein; die eine ist grün, die andere ziemlich wüst; die eine ist bewohnt, die andere menschenleer; die eine ist voller Leben, die andere tot; die eine ist nah, die andere fern. Und die Liste ist fast endlos.

Wenn wir nun den Stöpsel aus dem Meer ziehen würden, bis der Wasserspiegel 30 Meter gesunken ist, sähen die Inseln sich schon ähnlicher. Sie sähen zwar immer noch nicht gleich aus, aber sie wären sich qua Farbe, Bevölkerung, Größe, Abstand, Sicherheit usw. bedeutend näher. Wenn wir allerdings das ganze Wasser aus dem Meer abließen: Was würden wir entdecken? Eine einzige Insel. Das nennen wir die Realität der Einheit gegen die Illusion der Abkapselung. Ich sage also nicht, dass die Inseln nicht von einander getrennt wären, denn an der Oberfläche sind sie das. Aber wo befindet sich der Großteil einer Insel, über oder unter Wasser? Unter Wasser. Wo man es sehen kann? Nein, wo man es nicht sieht. Die meisten Menschen laufen mit der Brille der Abkapselung herum.

Beziehen Sie das Gesagte mal auf Menschen. Wo ist der Großteil eines Menschen, im sichtbaren oder im unsichtbaren Bereich? Mal angenommen, der Großteil eines Menschen befände sich dort, wo man es nicht sehen kann - wie bei einer Insel. Was wäre denn, wenn wir in genau diesem Bereich mit einander verbunden sind? Was, wenn wir mit einer Nabelschnur mit unserem Vorgesetzten verbunden sind, die Sie nur nicht sehen können? Denn so ist es. Was, wenn wir mit einer Nabelschnur mit unserem schlimmsten Feind verbunden sind? Das ist der Fall. Sie können es nur nicht sehen. Wenn Sie mit allen Menschen verbunden sind, macht es dann Sinn, wenn Sie sich selbst niedermachen oder sich vor der Begegnung mit jemandem fürchten, der weit mehr besitzt als sie? Nein, macht es nicht. Sie könnten auch niemand anderen mehr abwerten, denn dann würden Sie ja nur sich selbst herabsetzen. Und genau deshalb ist das Motto, GEBENDE GEWINNEN UND NEHMER VERLIEREN, richtig. Was Sie in die Welt setzen, kommt auf Sie zurück. Man erntet, was man sät. Was ihr getan habt einem unter diesen meinen geringsten Brüdern, das habt ihr mir getan. Wie man in den Wald ruft, so tönt es aus ihm heraus. Wenn die eine Insel der anderen etwas nimmt, welche verliert etwas? Beide. Wenn die eine Insel der anderen etwas gibt, welche gewinnt etwas? Wiederum beide. Wenn ich mich für eine abgekapselte Insel halte, kann ich tun, was ich will. Ich kann Gewalt ausüben, meinen Reichtum horten oder in einer gleichgültigen Welt leben. Erkenne ich jedoch auf Herzensebene, dass wir mit einander verbunden sind, dann muss ich entsprechend handeln. Zu handeln, als wären wir getrennt, wäre Selbstmord.

Wie gehen Sie vor, damit Sie so tun können, als seien Sie abgekapselt? Seien Sie ehrlich. Müssen die Menschen Ihrer Meinung sein, sich wie Sie kleiden, die selbe Hautfarbe haben, in der gleichen Stadt leben, damit Sie sich mit ihnen verbunden fühlen? Müssen Sie vielleicht die gleichen Werte, religiösen Überzeugungen oder wirtschaftliche Stellung haben? Gehen Sie doch mal davon aus, dass Sie die Trennung nur vortäuschen und dass Sie in Wirklichkeit verbunden sind; Sie sehen es nur nicht.

Aber das gilt nicht nur für die Trennung zwischen Menschen. Ich glaube, die Umweltverschmutzung rührt daher, dass die Menschen an der Überzeugung festhalten, dass sie von der Erde getrennt seien. Nur weil der menschliche Körper und die Erde einander nicht ähnlich sind, heißt das nicht, sie seien von einander getrennt. Es sind einfach nur Worte, wenn man das eine lebendig nennt und das andere unbelebt, damit beschreibt man doch nur den kleinen Unterschied, der oberhalb der Wasseroberfläche besteht. In manchen Indianersprachen ist immer die Rede vom Bruder Fuchs oder Bruder Bär, usw.. Wenn China mit einem Fünftel der Weltbevölkerung die Umwelt mit Siebenmeilenstiefeln verseucht, um die gleichen materialistischen Vorteile zu erlangen, die der durchschnittliche Amerikaner hat, glauben Sie dann ernsthaft, dass man noch von Trennung sprechen kann? Die Wissenschaft zeigt Tag für Tag, wie sehr Pflanzen, Tiere, Menschen und der Planet mit einander verwoben sind! Es gibt sogar eine - bislang noch nicht bewiesene - Theorie, die GAIA-Theorie, gemäß der man die Erde als einen einzigen Organismus betrachten muss. Tragen Ihre heutigen Handlungen zum Nutzen aller bei oder nützt sie nur einer kleinen Gruppe und geht auf die Kosten anderer? Es ist die Mission von Klemmer & Associates "Eine Welt zu schaffen, die für alle funktioniert und bei der niemand draußen bleibt." Engagieren Sie sich dafür. Werden Sie zum leidenschaftlichen Geber; zum fanatischen Geber.

Geben und Win-Win ist eine Philosophie der Gewinnmaximierung. Sie ist zwar ziemlich riskant, aber das Potential ist enorm. Eine Philosophie, die auf Abkapselung beruht, bei der es Gewinner und Verlierer geben muss, mag zwar sicherer aussehen, aber sie führt letztendlich immer zu einem geringeren Gewinn und letztlich zu einer Situation, in der alle verlieren. Machen wir einen Ausflug ins Geschäftsleben. Es gab mal eine Zeit, da standen an vier Ecken einer Kreuzung eine Tankstelle.

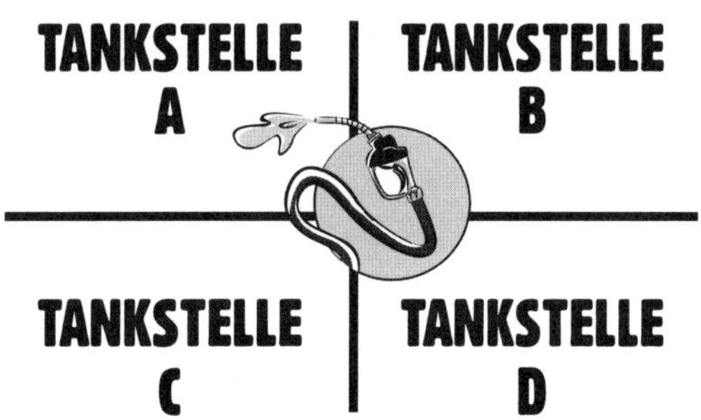

Wir könnten das auch mit vier Luftfahrtgesellschaften oder Schnellimbissläden oder Einzelhandelsgeschäften durchspielen. Haben Sie schon mal gesehen, dass Tankstelle A den Preis um einen Cent senkte? Die Tankstellen B und C zogen sofort nach. Dann senkte Tankstelle D den Preis um 2 Cent und Tankstelle A senkte ihn um 4 Cent. Man nennt das Benzin- oder Preiskrieg. Insbesondere in Rezessionen geschieht so etwas häufig. Die meisten Menschen halten das für "Wettbewerb." Aber das ist es nicht. Es ist Selbstmord. Zwei Tankstellen werden aus dem Geschäft gedrängt. Die beiden übrig Gebliebenen heben dann die Preise und versuchen, ihre Verluste wettzumachen. Es ist ein Spiel, bei dem es nur Verlierer gibt. Und auch der Kunde verliert, denn obwohl er anfangs einen besseren Preis bezahlt, nimmt die Produktqualität ab, der Service lässt nach oder die Sicherheit leidet.

Nun mal angenommen, Tankstelle D versucht es mit einer anderen Strategie. Man senkt die Preise nicht sondern denkt nur über Geben nach, wie man also die Dienstleistung erweitern und den Warenwert steigern könnte. Wenn Sie tanken, rollt sofort jemand unter Ihren Wagen und sieht nach, ob irgend etwas reparaturbedürftig ist. Zugleich überprüft ein Anderer den Luftdruck, während eine weitere Person die Fensterscheiben säubert und den Wagen betankt. Und Sie wollten eigentlich nur nach dem Weg fragen. (Na gut, das ist ein Bisschen übertrieben.) Jetzt begrüßt ein Mann Sie mit einem Lächeln und erzählt Ihnen, dass seinen Leuten ein paar Dinge aufgefallen sind, die repariert werden müssten. Er gibt Ihnen einen Zettel und sagt, seine Firma würde gern die blau markierten Reparaturen durchführen, und zwar zu einem ausgezeichneten Preis. Die rot markierten wären bei einer anderen Firma besser aufgehoben, die auf der Rückseite der Rechnung aufgelistet sind. Würden Sie bei dieser Tankstelle zum Dauerkunden? Natürlich. Warum? Weil man dort alles tut, damit Sie einen Gewinn davon tragen, auch wenn das bedeuten würde, sie woanders hinzuschicken. Ziemlich außergewöhnlich, finden Sie nicht? Schauen Sie sich den Film Das Wunder auf der 34. Straße an. Es ist das gleiche Prinzip.

Würden Sie Ihren Freunden und Bekannten von Tankstelle D

erzählen? Aber natürlich, denn auch Ihre Freunde sollen gewinnen. Sie zahlen mehr als bei den anderen Tankstellen, weil die ihre Preise gesenkt haben und D nicht. Aber wie geht es Tankstelle D finanziell? Sie machen eine Menge Kohle, weil viele Leute ihr Lob verkünden. Sie, der Kunde gewinnen, und die Tankstelle auch. Aber das ist noch nicht das Ende. Der Besitzer von Tankstelle C sieht, dass D viel Geld verdient, während alle anderen Verluste machen. Also lädt er den Besitzer von D zum Essen ein und bittet ihn, ihm sein Geheimnis zu verraten. Wäre dieser ein normaler Mensch, würde er sein Geheimnis für sich behalten. Man nennt das auch Mittleres-Management-Syndrom. Es findet zwar auf allen Management-Ebenen statt, ist aber ein Denken nach dem Motto: Ich werde dir nicht sagen, was ich weiß, weil ich sonst meinen Job verliere (oder meine potentiellen Kunden, oder Investitionschancen oder...). Das ist Abkapselungsdenken. Aber der Besitzer von Tankstelle D gibt gerne, weil wir alle verbunden sind. Er lüftet sein Geheimnis also: "Sie müssen mehr geben, mehr Dienstleistungen anbieten." Er zahlt sogar das Essen von Besitzer C, weil er so gerne gibt. Wenn nun Tankstelle C mehr gibt und seine Dienstleistungen steigert, verliert D dann Kunden? Nein. Vielleicht meinen Sie, das müsste so sein, aber in Wirklichkeit funktioniert es nicht so. C bekommt mehr Kunden. Warum? Weil das Dienstleistungsspiel endlos ist, im Gegensatz zu dem Spiel mit Preisen, dass sehr endlich ist. Man kann den Preis nur bis zu einem bestimmten Niveau senken; danach verschenkt man die Dinge. Dienstleistungen hingegen sind endlos. Wenn ich zum Beispiel den Lesern dieses Buches einen Klotz Eisen geben würde, den sie auf ihre Weise nutzen könnten, würde der eine Papierklemmen daraus machen, ein anderer Skalpells, wieder ein anderer eine wundervolle Statue, usw. Das ist das Spiel, in dem man mit anderen wetteifern sollte - das Dienstleistungsspiel. Einige Dienstleistungen von Tankstelle C wären denen von D ähnlich: lächelnde Dienstleister etwa. Weil Dienstleistungen aber unendlich sind, würden einige ganz anders aussehen. Vielleicht würde Tankstelle C sich um Gangschaltungen kümmern und D um Bremsen. Sie haben beide ihre Kundenzahl erhöht und würden sich sogar gegenseitig Kunden schicken.

Einige Unternehmenskunden von Klemmer & Associates, die direkt mit Verkauf zu tun haben, haben von dieser Botschaft enorm profitiert.

Vertreter von Hypothekbanken und Makler senkten ihre Kommissionen, in der Hoffnung auf ein größeres Geschäftsvolumen. Aber die meisten arbeiteten hinterher nur mehr und verdienten weniger. Hielten sie aber ihre Preise stabil und wurden zu fanatischen Gebern, verdienten sie bedeutend mehr. Dazu muss man natürlich wissen, welche Dienstleistung der Kunde will und nicht nur geben, was man geben möchte oder was man in der betreffenden Branche normalerweise gibt. Es geht um besondere Dienstleistungen. Können Sie sich vorstellen, wie ein Chef darüber nachdenkt, wie seine Mitarbeiter mehr verdienen könnten? Das wäre ein Dienst. Können Sie sich Mitarbeiter vorstellen, die ein Brainstorming veranstalten, wie sie es dem Chef leichter machen könnten? Wie sie seine Probleme lösen könnten, damit er weniger arbeiten muss? Im durchschnittlichen Unternehmen zahlt das Management den Mitarbeitern gerade gut genug, damit sie nicht kündigen und die Mitarbeiter arbeiten gerade hart genug, dass sie nicht gefeuert werden. All das ist nicht nur das Ergebnis der Sichtweise, die alle Körper als etwas von einander Abgekapseltes betrachtet.

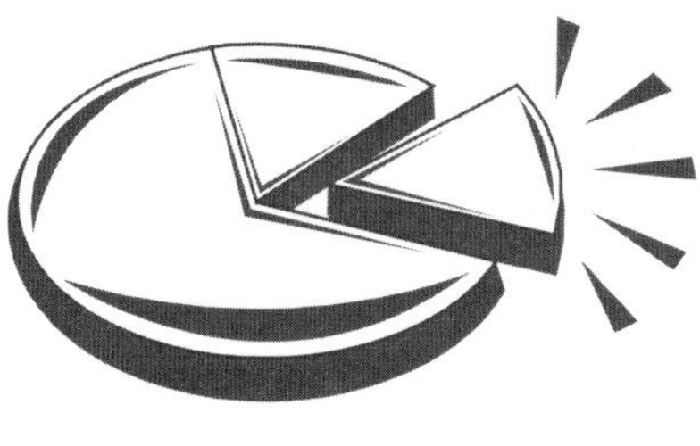

Zum Nachtisch wurde eine Torte angeschnitten: Was ging Ihnen dabei durch den Kopf? Wenn Sie Geschwister hatten, kann ich Ihnen sagen, was das war. Sie wollten das größte Stück, oder zumindest Ihren gerechten Anteil. Mit jedem Stück Kuchen, dass jemand bekommt, ist weniger übrig. In der Spieltheorie nennt man das begrenzte Ressource.

Unser Hirn sagt: "So ist das Leben nun mal." Wir handeln in jeder Hinsicht so. Manche Spiele sind begrenzt, wie das mit den Preisen, aber viele andere, wie zum Beispiel das mit Dienstleistungen oder der Liebe, sind unbegrenzt. Viele Menschen, die nicht viel Liebe im Leben erfahren haben, sind nicht bereit zu geben, was sie haben, aus Angst, dass ihnen nichts mehr bleibt. Beginnen sie jedoch erst einmal mit dem Geben, wird ihnen klar, dass ihnen mehr zufließt. Es ist grenzenlos.

Der einzige Weg, wie diese fundamentale Einstellung - und andere Paradigmen - sich ändern, ist mit emotionalem Engagement und Wiederholung. Intellektuelles Wissen von unserer Verbundenheit ist nicht genug. Man kann von etwas wissen und es dennoch nicht wirklich kennen. Sie können etwas über romantisches Küssen wissen und dennoch keine Ahnung haben. Aus diesem Grund veranstalten Klemmer & Associates Workshops wie **Persönliche Meisterschaft, Fortgeschrittene Führung und Das Herz des Samurai.** Die Teilnehmer machen eine konkrete Erfahrung, in der sie die Welt, sich selbst und Konzepte wie Engagement, Loyalität, Verantwortung und Geben auf völlig neue Art und Weise sehen. Die Seminare helfen dem Einzelnen und den Unternehmen ihre fundamentalen Ansichten oder Überzeugungen auszuwerten und zu ändern. Grundüberzeugungen ändern sich nur selten durch Bücher und Kassetten. Sie verschaffen einem Übungen und Wiederholungen, aber nicht das Gefühl. Der beste Weg zu einer Veränderung berücksichtigt beides.

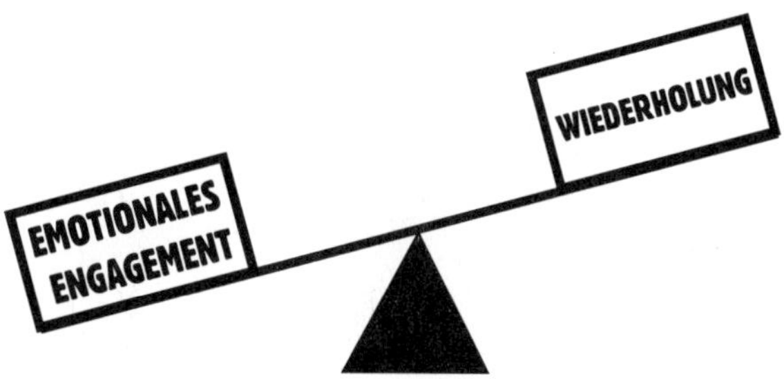

Je mehr Gefühl involviert ist, desto weniger Wiederholungen sind nötig. Das ist der Schlüssel. Denken Sie immer daran. Anders gesagt: Je stärker man emotional involviert ist, desto schneller kann man sich ändern. Haben Sie schon mal gehört, dass man 21 Tage dazu braucht, eine Gewohnheit zu ändern? Ich glaube, dass sich das mal irgend jemand ausgedacht hat und die Leute plappern es nach. Meiner Erfahrung nach stimmt es nämlich nicht. Manche Gewohnheiten habe ich vom einen Moment auf den anderen geändert und bei anderen habe ich es jahrelang erfolglos versucht. Wenn ich mir das genau ansehe, glaube ich, dass der Hauptgrund im Gefühlsbereich liegt. Kennen Sie Menschen, die sich nicht fit halten, das aber ändern möchten? Ist Ihnen nicht auch aufgefallen, dass es viele Monate braucht, bevor das Fitnessprogramm zur Gewohnheit wurde? Es dauert bedeutend länger als 21 Tage, weil nicht so viel Emotionalität involviert ist. Aus diesem Grund fällt es Fitnessstudios so schwer, Kunden an sich zu binden. Man macht Ihnen allerlei finanzielle Anreize, weil bekannt ist, dass Sie länger als 21 Tage brauchen. Aber nehmen Sie mal jemanden, der einen Herzinfarkt hatte. Das ist meistens eine sehr emotionale Sache. Meistens braucht man nicht viele Herzattacken, bevor man seine Gewohnheiten verändert. Aber ich habe auch schon gesehen, dass Leute sich nach so etwas trotzdem weiterhin Glimmstängel in den Mund steckten. Das ist ein Schlüssel. Ist man emotional nicht stark genug engagiert, holt einen die Programmierung wieder ein. Sie haben es mit Programmierungen zu tun, mit denen sie 10, 20, 30 Jahre gelebt haben (das sind eine Menge Wiederholungen und emotionales Engagement.) Stärken Sie Ihre Selbstverpflichtung, sich zu ändern, und zwar JETZT.

"Tag für Tag martert
sich der Mensch mit zwei
Folterwerkzeugen:

—

mit Gewissensbissen
wegen der Vergangenheit
und der Angst vor der
Zukunft."

Kapitel Neun

Ihre Einstellung: Erster Tag - Letzter Tag

Die Frage: Was macht Ihnen mehr Gewissensbisse, was Sie getan oder was Sie unterlassen haben?

Die Geschichte

Es waren einmal ein Erwachsener und ein Kind auf Reisen. Ich stelle mir vor, dass der Junge Lederhosen und Wanderstiefel trug. Der Berggipfel war der Traum des Erwachsenen und so stürmte er los. Aber Sie wissen ja, wie das mit Bergen ist. Sie werden immer steiler. Schließlich rannte unser Erwachsener nicht mehr sondern lief langsam. Schließlich war er so müde, dass er nur noch auf allen Vieren weiter kriechen konnte. Er war offensichtlich ziemlich engagiert. Schließlich konnte er nicht mehr und brach am Wegesrand zusammen. Und da kommt unser Kleiner mit einem Lied auf den Lippen. Er fragt den Erwachsenen, was denn los sei. Dieser antwortete, er sei zum Berggipfel unterwegs. Der Junge erwiderte: "Stimmt doch gar nicht. Sie ruhen sich aus." "Aber natürlich," antwortete dieser, "den Gipfel zu erklimmen ist harte Arbeit." "Wenn Sie auf den Gipfel steigen wollen, warum tragen Sie dann einen Zentner Mist auf dem Rücken?" Der Erwachsene war schockiert: "Ich habe keinen Sack Mist dabei," entgegnete er. Aber als er sicherheitshalber auf seinem Rücken nachtastete, entdeckte er den schweren Sack. "Ich wusste gar nicht, dass der da war," sagte er erstaunt. Der Junge fragte, ob er ihn behalten wolle. Natürlich wollte er das nicht. "Dann leg ihn doch ab." Der Erwachsene tat es. Er fühlte sich auf der Stelle erfrischt und hatte neue Kraft. Also sprintete er wieder los und ließ den Jungen in einer Staubwolke zurück. Aber Sie wissen ja, wie Berge sind. Sie werden steiler und schwieriger und schon bald lief unser

Erwachsener wieder langsamer und keuchte. Und dann fing er wieder an zu kriechen. Er war sehr engagiert. Schließlich brach er atemlos zusammen. Und, wer kommt da, ein lustiges Lied summend, vorbei? Richtig, der Kleine. "Was machen Sie?" fragte er den Erwachsenen. Dieser antwortete wieder, dass er zum Berggipfel unterwegs sei, aber eine Ruhepause brauche. Der Junge wollte nun von ihm wissen, weshalb er denn dann einen 50 Kilo schweren Kürbis auf dem Kopf balancierte. Der Erwachsene sagte: "Das ist lächerlich. Auf meinem Kopf ist kein Kürbis." Aber als er es sicherheitshalber überprüfte, entdeckte er zu seinem Schrecken, dass da tatsächlich ein riesiger Kürbis war. Er untersuchte ihn und dachte darüber nach, wie lange der dort wohl schon gewesen sei. Vielleicht schon sein ganzes Leben? Der Junge war frustriert: "Wollen Sie ihn behalten?" "Natürlich nicht," antwortete der Erwachsene. "Dann nichts wie weg damit - JETZT!" Der Erwachsene warf den Kürbis den Berg runter. In dem Moment erreichte er den Berggipfel. Wie viel Kilo Gewissensbisse und Befürchtungen tragen Sie mit sich herum, während Sie versuchen, Ihre Träume wahr zu machen?

Die Lektion

Wissen ist nicht Macht. Angewandtes Wissen ist Macht. Wissen muss in Handlungen umgesetzt werden. Nur allzu oft paralysieren Gewissenbisse und Befürchtungen uns, so dass wir nichts tun. Das Gegenmittel gegen diese Krankheit ist:

"Heute ist der erste und letzte Tag für den Rest meines Lebens."

Diese Idee ist ein Impfmittel gegen Nichtstun und führt uns in einen inspirierenden, aktiven Zustand.

Sehen wir uns mal den ersten Teil an: "Heute ist der erste Tag für den Rest meines Lebens." Wenn heute der erste Tag wäre, hätten wir keine Gewissensbisse, oder? Nein. Wir hätten nicht genügend Vergangenheit, um irgend etwas zu bedauern. Erinnern Sie sich noch an Ihren ersten Arbeitstag? Sie waren sicher aufgeregt. Ganz egal, was Sie tun mussten: Sie waren aufgeregt. "Okay - gib's mir. Ich will beweisen, wie gut ich bin." Diese Einstellung ist INSPIRIEREND. Was nach ein paar Monaten oder Jahren? Vielleicht wurden Sie ausgenutzt oder andere wurden für Dinge belohnt, die Sie gemacht hatten; Sie wurden nicht nach Ihrem eigentlichen Wert bezahlt, usw. Und Sie kamen nicht mehr zu früh und waren aufgeregt. Vielleicht kamen Sie immer nur gerade noch rechtzeitig und hatten alle Leidenschaft verloren. Nun, nachdem Sie dies hier gelesen haben, spielen Sie doch mal ein verrücktes Spiel und tun Sie so, als sei dies Ihr erster Tag. Entscheiden Sie sich für diese Brille und schauen Sie, was passiert!

Betrachten Sie es als Experiment. Können Sie sich an die Einstellung erinnern, die Sie bei Ihrem ersten Date hatten? Es war aufregend! Sie waren vielleicht auch nervös, aber vor allem aufgeregt. Das ist die Einstellung, die ich meine. Was geschah aber, als Ihre Beziehung Patina angesetzt hatte? Vielleicht haben Sie Gewissensbisse angesammelt, als Sie den Hochzeitstag vergessen oder etwas Dummes gesagt haben, oder als Sie Chancen verstreichen ließen, wichtige Dinge zu sagen - und schon bald trugen Sie eine Zentnerlast auf den Schultern und waren nicht mehr so inspiriert wie früher.

Nun, wenn Sie eine Liebesbeziehung haben, dann tun Sie heute so, als sei es der erste Tag. Wenn das heißt, sich fein anzuziehen, dann machen Sie das und vergessen Sie die Blumen nicht! Vergessen Sie, ob Ihr Partner das verdient hat oder nicht. Das basiert auf der Vergangenheit. Sehen Sie einfach durch die Brille mit der Aufschrift: "Heute ist unser erster Tag." Meiner Meinung nach enden die meisten Ehen nicht mit einem Knall. Sie enden infolge eines Lecks, verursacht von Reibung und Gewissensbissen, dem Bedauern, dass beide Partner mit sich rumschleppen und das den Aufstieg auf den Berg der Ehe behindert.

Erinnern Sie sich noch an das erste Mal, als Ihr Kind sich aus eigener Kraft umdrehte? Wer Kinder hat, weiß das sicherlich noch: "Liebling, sie hat sich umgedreht! Sie schafft es noch ins Olympia-Team. Hast du gesehen, wie vollendet sie das gemacht hat?" Und was geschah, als das zum tausendsten Mal geschehen ist? Es war nicht mehr aufregend. Und was, als sie auf den neuen Teppich machte? Oder Widerworte hatte? Oder die Schule schwänzte? Vielleicht haben Sie die Erste-Tag-Haltung abgelegt und Sachen gesagt wie: "Lass mich doch ein Mal meine Zeitung in Ruhe durchlesen!" (Als wäre das besonders aufregend!) Nun, auch wenn Ihre Kinder schon erwachsen sind, tun Sie so, als sei es der erste Tag - heute. Stellen Sie sich vor, Sie wären ihnen noch nie begegnet und schauen Sie, was dann passiert.

Diese Einstellung ist eine echte Erleichterung. Kein Groll. Kein Bedauern, dass unsere Kindheit nicht so war, wie wir sie gern gehabt hätten. Keine Gewissensbisse wegen misslungener Beziehungen oder solcher, die wir nie hatten, weil wir die Gelegenheit nicht beim Schopf ergriffen haben. Keine Reue wegen schlechter oder dummer Entscheidungen oder Handlungen. Es ist wirklich inspirierend.

Wenn Disney einen neuen Film auf den Markt bringt, bin ich immer wieder erstaunt, dass unsere Tochter ihn sich 100 Mal und mehr ansehen kann. Sie hat die Einstellung, dies sei das erste Mal, und es ist aufregend für sie. Kultivieren Sie diese Haltung und Sie bringen eine Leidenschaft in Ihr Leben, von der andere nur träumen können.

Der zweite Teil: "Heute ist der letzte Tag für den Rest Ihres Lebens," ist ein Aufruf zu handeln. Er setzt einen ein wenig unter Druck. Es geht nicht um Panik sondern um: "Mache es sofort." Wenn Sie nur noch 24 Stunden auf dem Planeten zu leben hätten, wie wir ihn kennen, dann würden Sie nichts auf Morgen verschieben, weil es kein Morgen gäbe. Wenn Sie wüssten, Sie hätten nur noch 24 Stunden zu leben und Sie kämen nach Hause und Ihr Ehepartner wäre verärgert, glauben Sie, Sie würden auch verärgert reagieren? Niemals! Sie würden sagen: "Dafür haben wir keine Zeit. Lass uns etwas Gutes tun. Lass uns über die Kinder reden und was uns wichtig ist." Dann tun Sie das JETZT! Statt

Fernsehen zu schauen oder auf "den richtigen Zeitpunkt" zu warten oder darauf, dass es "passt." TUN SIE ES GLEICH! Legen Sie das Buch hin und sagen Sie jemandem, den Sie lieben, etwas, das Ihnen wichtig ist. Das ist die Letzter-Tag-Haltung.

Wenn Sie Kinder haben und nur noch 24 Stunden zu leben hätten, würden Sie mit ihnen tun, was sie möchten? Sie würden es nicht verschleppen, oder? Natürlich nicht. Sie würden mit ihnen in den Park gehen, und wenn es nachts wäre, wenn sie das wollen. Machen Sie es also jetzt. Das ist der Druck, der der Haltung entspringt, heute sei der letzte Tag.

Wissen Sie, wann die meisten Leute diese Einstellung bekommen? Wenn es tatsächlich ihr letzter Tag ist. Wenn sie ernsthaft krank werden, bedeutet ihnen ihre Gesundheit auf einmal sehr viel mehr. Davor kümmern sie sich nicht ernsthaft darum. Sie haben nicht die Haltung, heute sei der letzte Tag sondern vielmehr: "Ich habe noch genug Zeit und mir wird schon nichts geschehen." Man denkt leicht, wenn man junge Kinder hat, dass man noch viel Zeit mit ihnen verbringen wird. Ich arbeite jetzt hart und habe später Zeit für sie. Aber wissen Sie wirklich, ob dann noch Zeit ist? Nein.

Es ist eine Illusion zu meinen, man würde ganz gewiss 75 Jahre alt. Ich glaube, die meisten denken so, weil uns in den Wohlfahrtsgesellschaften so viel garantiert wird. Die meisten, die dies Buch lesen, würden ohne Garantieleistungen wohl kaum ein Auto, eine Stereoanlage oder andere Geräte kaufen. Manchmal bitte ich die Teilnehmer in einem Seminar, ihre Brieftasche rauszuholen und nachzusehen, wie viel Garantien sie dabei haben. Das führt zu erstaunlichen Resultaten. Kreditkarten sind eine Garantie, dass wir etwas kaufen können. EC-Karten garantieren, dass man rund um die Uhr Geld aus dem Automaten ziehen kann. Lebensversicherungen garantieren, dass unsere Erben versorgt sind. Krankenversicherungen sind eine Garantie, dass sie auch weiterhin funktionieren. Auch Bibliothekkarten und Führerscheine sind eine Garantie.

Das ist natürlich nicht schlecht. Es verschafft uns mehr Freiheit. Das Problem ist nur, dass die meisten glauben, es gäbe auch eine Garantie, 75 Jahre alt zu werden. Glauben Sie nicht? Hatten Sie schon jemals Streit und dachten: "Ich will mich jetzt nicht damit auseinandersetzen - Morgen ist auch noch ein Tag."? Dann lebten Sie nicht nach der Maxime, heute sei der letzte Tag.

Sie sagen sich jetzt vielleicht: "Nun, wenn heute der letzte Tag wäre, würde ich die Dinge anders machen. Ich würde nicht arbeiten gehen." Dann machen Sie vielleicht die falsche Arbeit! Wenn Ihr Monatsgehalt der einzige Grund ist, zur Arbeit zu gehen, dann machen Sie etwas falsch. Sie verkaufen Ihr Leben weit unter seinem Preis. Wenn es in Ihrem Leben darum ginge, etwas zu bewirken, dann würden Sie auch einen Teil Ihres letzten Tages mit Arbeiten verbringen. Wenn Sie sich auch in der Arbeit verwirklichen, dann arbeiten Sie einen Teil Ihres letzten Tages.

Es gibt viele Jobs, mit denen Sie alles Geld der Welt verdienen können. WAHR. Suchen Sie sich jedoch etwas, womit Sie den Sinne Ihres Lebens verwirklichen. Sie sind und Ihr Leben ist zu kostbar, es für etwas Mittelmäßiges einzutauschen. Wenn man nicht daran arbeitet, seinen Traum zu verwirklichen, stirbt man jeden Tag ein Bisschen. Vielleicht ganz langsam, sodass man den Preis, den man zahlt, nicht wahrnimmt. Aber eines Tages wird einem klar, dass man ein Zombie ist. Man überlebt, aber das ist dann auch schon alles.

Kümmern Sie sich heute um das, was Ihnen wichtig ist! Wenn heute der letzte Tag Ihres Lebens wäre und Sie könnten zehn Sachen machen, was wäre das dann? Mit anderen Worten: Wenn eine Weltreise dazu gehören würde, dann könnten Sie sie machen, auch wenn sie länger als 24 Stunden dauert, solange Sie diese in Ihre Liste aufnehmen. Wenn Sie das Heilmittel für AIDS entwickeln wollten - dann würde das geschehen! Alles was Sie wollen, könnten Sie haben, tun oder sein. Nehmen Sie diese Aufgabe ernst und winden Sie sich nicht mit Wünschen raus wie: "Ich könnte immer 10 Dinge aufschreiben."

Schreiben Sie jetzt Ihre 10 Punkte auf, bevor Sie weiter lesen.

1. ______________________________

2. ______________________________

3. ______________________________

4. ______________________________

5. ______________________________

6. ______________________________

7. ______________________________

8. ______________________________

9. ______________________________

10. ______________________________

Haben Sie es gemacht? Nein? Dann handeln Sie nicht, als sei heute der letzte Tag. Wenn Sie Ihre 10 Punkte aufgeschrieben haben: Großartig! Wenn Sie etwas Großartiges aufgeschrieben haben, wie die Lösung des Welthungerproblems, dann sehen Sie doch mal im Telefonbuch nach und melden Sie sich als Freiwilliger bei einer Organisation, die sich diesem Ziel verschrieben hat. Damit meine ich nicht, Sie sollten das Problem auf der Stelle lösen. Vielmehr meine ich: Unternehmen Sie JETZT etwas! Statt zu warten, bis Sie genug Geld haben, oder bis es Ihnen passt oder 'wirklich stimmt'. Nehmen Sie das Telefon zu Hand und beginnen Sie jetzt. Versuchen Sie's!

Denken erschafft Wirklichkeit
Handeln heißt, zu erlangen.
Unternehmen Sie jetzt etwas!

Kapitel Zehn

Von Lumpen zu Reichtum
Die Philosophie anwenden

Die Frage: Wie groß wagen Sie zu träumen?

Die Geschichte

In diesem Kapitel könnten wir viele Menschen nennen. Von den vielen Tausend Mitarbeitern in Firmen, in Network-Marketing-Unternehmen und in anderen Zusammenhängen, die an unseren Seminaren teilgenommen haben, haben sehr viele unglaubliche konkrete Ergebnisse erzielt. Ehen wurden gerettet, Leute haben pfundweise abgenommen, mit dem Rauchen aufgehört, neue, befriedigendere Jobs gefunden, höhere Einkommen erzielt, usw. Ich möchte jedoch das Schicksal eines Menschen beschreiben, der aus dem Nichts zu etwas Bedeutsamem gekommen ist, indem er die Philosophie anwandte und Ihnen damit allen Hoffnung machen. Er kann als leuchtendes Beispiel dafür dienen, was möglich ist. Auch wenn Alans Schicksal sich irgendwann in Zukunft vielleicht wieder wendet, so bleibt er doch ein Beispiel, denn er wird es wieder zum Besseren wenden können. Das ist ein Teil des Geheimnisses. Er hat keine Angst, zu verlieren. Ich wünsche mir, dass Menschen sich sagen: Wenn er es kann, kann ich es auch. Eine der wichtigsten Botschaften meines Mentors lautete: "Ich bin niemand besonderes. Was auch immer ich getan habe, kann jeder machen - wenn er den Preis bereitwillig zahlt und die Philosophie anwendet." Die folgenden Tatsachen und Zusammenfassung soll Alan nicht als jemand Besonderen herausstellen, sondern zeigen, was für einen ganz gewöhnlichen Menschen möglich ist, der die Philosophie anwendet.

Das leuchtende Beispiel heißt Alan Nagao. Er erhält den ersten alljährlichen Product of the Philosophy Preis. Alan wurde in Hawaii geboren und besuchte die McKinley Hochschule. Er war kein sonderlich guter Schüler und studierte daher nicht. Er war außerdem nicht sonderlich populär und auch nicht sportlich. Im Gegenteil: Er wurde ohne Bein geboren und mit einer deformierten Hand. Die meisten Leute, die ihm heute begegnen, merken das gar nicht, weil er seiner Behinderung nicht viel Aufmerksamkeit schenkt. Als 20-Jähriger gründete Alan eine eigene Firma: High Performance Kites. Als ich ihn erstmals traf, verdiente er etwa 600 Dollar monatlich mit seinen Drachen. 60 Dollar an einem Tag waren viel für ihn. Und auch, wenn das schon ein paar Jahre her ist, so waren 60 Dollar auch damals nicht sonderlich viel Geld. Alan setzte sich das Ziel, einen Laden in einem der wichtigsten Shopping-Center Honolulus zu haben, im Ala Moana. Das Prestige dort war hoch und es war recht schwer, dort etwas zu bekommen. Er hatte nicht viel vorzuweisen, weder finanziell noch was den Umsatz betrifft. Bevor man ihn rein ließ, wurde seine Anfrage zwei Mal abgelehnt. Ausdauer lautet sein zweiter Vorname.

Er nahm einen Innenarchitekten in Dienst, um eine erstklassige Präsentation zu realisieren. Er hat diesen Laden auch heute noch. Er erweiterte seine Palette und beschloss, in Hawaii einen Jojo-Boom auslösen. Der Staat Hawaii hat nur 1 Million Einwohner. Menschen sind nicht gerade um Jojos verlegen und sie waren damals auch nicht sonderlich populär. Er nutzte die Visualisierungstechniken aus diesem Buch und machte einen Marketing-Plan, um ein Bedürfnis nach Jojos zu kreieren. Er löste einen derartigen Boom aus, dass er mehr Jojos in Hawaii verkaufte als in den ganzen restlichen USA verkauft wurden. Dann fiel sein Blick auf Japan. Dies ist eine echte Geschichte, wie man die Formel der Sieger aus Kapitel Zwei nutzt. Alan hatte keine Kontakte in Japan. Er sprach auch kein japanisch. Der dort nötige Hersteller von Jojos antwortete weder auf Anrufe noch auf Faxe. Er hatte fast keine finanziellen Möglichkeiten mehr und seine Frau Priscilla nahm einen Kredit auf ihre Lebensversicherung auf - ohne dass Alan das wusste - um die letzte Reise zum Hersteller zu bezahlen. Er setzte sich das Ziel, 1

Million Jojos in Japan zu verkaufen und brachte es letztlich auf 10 Millionen. Das war der größte Jojo-Boom, den die Welt je gesehen hatte.

1998 organisierten wir gemeinsam mit einem guten Freund, Lance Giroux, die alljährliche Unternehmenskonferenz von Alans Firma, deren Jahresumsatz inzwischen bei 13 Millionen lag. Das ist ein ordentliches Wachstum, wenn man bedenkt, dass er zuvor 600 Dollar im Monat verdiente. Welchen Teil der Philosophie wendete Alan an, den auch Sie anwenden können? Das wollte ich von Alan wissen, als ich 1999 ein Interview mit ihm für die Mastery of Money Kassettenserie machte. Alan heiratete Priscilla während seines Aufstiegs und sie haben heute zwei wundervolle Kinder. Sie haben eine ausgezeichnete Beziehung und sind tolle Menschen. In der Zeit, als er sein Marketing entwickelte, nahm er sich 7 Monate frei, um seine Beziehung zu seinem Vater zu vertiefen, indem er gemeinsam mit ihm ein Haus baute. Das ist das Gleichgewicht, von dem wir in Kapitel Sieben gesprochen haben. Sie unterstützen ihre Gemeinschaft aktiv und sind Mitglied mehrerer gemeinnütziger Vereine wie dem CVJM. Alan arbeitet ehrenamtlich als Vorsitzender des CVJM von Hawaii, weil er glaubt, dass wir in dem Maße empfangen wie wir geben. Wie viele Leute kennen Sie, die dem eigenen Glück hinterher jagen und sich dennoch immer wieder darüber beklagen, nicht genug Zeit zu haben? Das heißt nicht, dass Alan perfekt sei und keine Fehler macht. Er macht Fehler wie jeder andere. Tatsache ist, er rechnet damit! Eines seiner Mottos lautet: Wenn man mehr Erfolg haben will, muss man mehr Fehler machen. Er glaubt, dass die Hälfte seiner Marketingideen nicht funktionieren, also hat er ein System, wie er damit umgeht. Indem er seine Marketingideen in kleinen Testmärkten überprüft, begrenzt er seine Fehler und hat einen Hebel für den Erfolg. Es gibt Leute, die größere Unternehmen gegründet haben - soll heißen: Alan und Priscilla sind nicht DIE Stars. Es heißt vielmehr, dass sie bei Null angefangen haben und ein ausgeglichenes Leben finanzieller und familiärer Erfolge geschaffen haben, an Gott glauben und anderen helfen.

Wenn sie das können, können Sie das auch. Warum nicht? Mir fällt kein guter Grund ein, weshalb Sie es ihnen nicht gleich tun könnten, Ihnen etwa?

Die Lektion

Ich fragte ihn, welche Aspekte der Philosophie er am Häufigsten anwendete. Hier die 10 Schlüsselaussagen, die ich aus dem Interview zusammengefasst habe:

Punkt 1: Er ist Fanatiker, wenn es um die Vision und Ziele geht. Er hat sein Ziel schriftlich fixiert und es steht auf seinem Schreibtisch, in seinem Auto und er spricht es mehrmals täglich laut aus.

Punkt 2: Er nimmt sich Zeit, Dinge zu lernen. Er nahm sich drei Jahre, um die Visualisierungstechnik, die er im Seminar gelernt hatte, auszubauen, anzuwenden und zu perfektionieren. Die meisten Leute mache es ein oder zweimal und denken, jetzt wüssten sie Bescheid. Vielleicht war sein Geheimnis, dass er, weil er dabei anfangs immer einschlief, Arbeit brauchte. Also besuchte er andere Seminare, nahm einen Erfolgstutor in Dienst, las und übte täglich. Sind Sie bereit, sich Zeit zu nehmen und das Material aus diesem Buch wirklich durchzunehmen und zu verdauen?

Punkt 3: Er hat Ausdauer. Ob er nun weiter Faxe an den Hersteller schickt, nachdem diese ihn gebeten haben, das nicht zu tun oder ob er sich weiter um einen Platz im Shopping-Center bemüht, nachdem man ihn abgewiesen hat, er konzentriert sich auf das, was er will und unternimmt weiter etwas.

Punkt 4: Er spielt sein Spiel um das Optimum zu gewinnen, während andere einfach nur nicht verlieren wollen. Er hätte sich auf seinem Erfolg in Hawaii ausruhen können, aber er riskierte den Sprung nach Japan. Auch nach dem dortigen Erfolg hätte er sich auf seinen Lorbeeren ausruhen können, aber er knüpfte sich 6 weitere Länder vor und erweiterte sein Unternehmen von 7 auf 60 Leute. Er ist bereit, Risiken einzugehen, um das Optimum zu gewinnen.

Punkt 5: Er weiß, dass wir Gewohnheitsmenschen sind. In seinem Unternehmen hat er Systeme installiert, damit er erfolgreiche Gewohnheiten fördert, fürs Geben, fürs Riskieren, für den Umgang mit Fehlern, fürs Kommunizieren und fürs Lernen. Auch in seinem Privatleben hat er tägliche Gewohnheiten eingerichtet, wie zum Beispiel Visualisierungen.

Punkt 6: Er glaubt an Gott. Er nimmt bewusst Herausforderungen an, die sein Können übersteigen, um sein Unbewusstes und Gott zu zwingen, ihm zur Hilfe zu kommen.

Punkt 7: Er arbeitet am Gleichgewicht. Er nutzt seine Zeit für seine Beziehungen, Gesundheit, Spiritualität und gemeinnützige Arbeit.

Punkt 8: Er gibt und hilft anderen. Das fing an, als er 600 Dollar monatlich verdiente und es ihm schwer viel, seinen Zehnten von 60 Dollar zu geben bis zu den 120.000 Dollar, die er 1998 aus seiner privaten Schatulle verschenkt hat. Seine Mitarbeiter dürfen in der Arbeitszeit gemeinnützige Arbeit leisten.

Punkt 9: Er praktiziert Visualisierungen, um Probleme kreativ zu lösen. Ob es nun darum geht, Mittel und Wege zu finden, einen Jojo-Boom zu erzeugen oder um Entscheidungen, was als nächstes zu tun ist: er nutzt Visualisierungen, um Dinge zu lösen, bei denen Vernunft und Logik zu kurz schießen.

Punkt 10: Er glaubt an das Team und die Einstellung, dass alle gewinnen können. Ob es nun um Mitarbeiter oder um Hersteller geht, mit denen er zu tun hat, er möchte, dass alle gut zusammenarbeiten und gemeinsam einen Gewinn davontragen.

Viele Menschen aus meiner Generation, den Baby-Boomern, haben viel Zeit auf der Suche nach sich selbst verbracht. Möge diese Geschichte das Ende Ihrer Suche sein und der Anfang der Schöpfung Ihrer eigenen Lebensgeschichte. Wagen Sie es, einen unmöglichen Traum zu träumen. Was würden Sie tun, wenn Sie wüssten, dass Sie nicht versagen können?

Gehen Sie dem mutig nach. Bringen Sie die Disziplin auf, diese Philosophie täglich anzuwenden. Sie können es.

Nachwort

Meisterschaft ist die Fähigkeit, unabhängig von den gegebenen Umständen, die Erfahrung zu erschaffen, die wir haben wollen. Die meisten Menschen haben nur Erfolg, wenn die richtigen Umstände eintreten. Aber sowohl im Privat- wie im Berufsleben finden wir nur sehr selten die Umstände vor, die wir gerne hätten.

Inkompetenz ist die Unfähigkeit, das zu erschaffen, was wir wollen. Meisterschaft hat wenig mit Intelligenz zu tun. Sie kennen wahrscheinlich auch hoch gebildete Leute, die keine Arbeit haben oder deren Beziehung zerbrochen ist.

Meisterschaft ist die Fähigkeit, das zu erschaffen, was wir wollen. Jetzt. Sie wollen finanzielle Unabhängigkeit und erschaffen sie. Und Sie erschaffen sie schnell - das ist Meisterschaft. Ein Lehrling ist ein Anfänger. Der Unterschied zwischen einem Meister und einem Lehrling oder Gesellen ist der, wie viel Zeit sie für ihr Werk brauchen - ein Meister schafft es schnell, ein Geselle braucht etwas länger.

Dieses Buch handelt von der Meisterschaft im Leben. Meisterschaft gibt Ihnen Freiheit – sie gibt Ihnen die Fähigkeit zu tun, was Sie tun wollen, und zwar dann, wann Sie es wollen. Nicht erst, wenn jemand mit Autorität meint, jetzt wäre es so weit. Es ist die Fähigkeit, dorthin zu gehen, wohin Sie gehen wollen, und zwar wann Sie es wollen. Nicht erst, wenn jemand es Ihnen gestattet. Und nicht zuletzt ist es die Fähigkeit, zu sein, was Sie sein wollen, und zwar dann, wann Sie so sein wollen. Meisterschaft ist aktiv - es ist kein Ziel. Denken Sie an jemanden aus der Welt des Sport, dem Geschäftsleben, der Kunst, Beziehungen, den Sie für einen Meister halten. Sie praktizieren und kümmern sich nicht um das Endergebnis. Momentan, während ich dieses Buch schreibe, ist Jerry Rice Rugby-Spieler. Er ist einer der größten Fänger, den es je gegeben hat. Er hat zahllose Rekorde gesetzt. Er ist als Erster auf dem Spielfeld und hört nach dem Training als letzter auf. Er übt sich im Fangen - es ist

Übung, nicht nur das Endergebnis. Ein meisterlicher Künstler oder Musiker liebt die regelmäßige Übung.

Meisterschaft ist eine Kombination aus Aufmerksamkeit und Handwerkszeug. Meisterschaft heißt, diese Philosophie dauerhaft anzuwenden und Ergebnisse damit zu erzielen.

Ich habe eine Überzeugung. Sie muss nicht wahr sein. Es ist einfach die Brille, durch die ich zu schauen beschlossen habe. Die Überzeugung lautet, dass es Gottes Plan ist, dass Sie in allen Lebensbereichen prosperieren. Falls Sie nicht in allen Bereichen blühen und gedeihen, ist das nicht Seine Schuld. Sie haben das Spiel des Lebens einfach noch nicht gemeistert und spielen es nicht so, wie es gedacht ist. Wenn Sie Christ sind wie ich, dann sagt Ihnen die Bibel: "Ich komme, dass es dir wohl ergehe, wie es deiner Seele wohl ergeht." Aus meiner Sicht heißt das, dass wir in all unseren Aspekten, den körperlichen, mentalen, emotionalen und spirituellen, Überfluss erfahren sollen. Wenn Sie einer anderen Religion angehören, durchforsten Sie die betreffende Heilige Schrift. Was auch immer Ihr Gott ist, Er möchte stolz auf Sie sein. Falls Sie nicht an einen Gott glauben, ist es mein sehnlicher Wunsch, dass dieses Buch Ihnen eine Tür öffnet, die Möglichkeit zu erforschen, dass es ein Wesen gibt, das größer ist als Sie.

Falls Sie gläubig sind, heißt das nicht, dass es einfacher ist. Meister im Spiel des Lebens stehen vor größeren Herausforderungen, aber Sie sind bereit. Der Glaube an Gott ist nicht zum Vorteil dieser Welt. Aber er bietet einen großen Vorteil beim Spiel des Lebens.

Jay Golby ist ein guter Freund. Er war auch mein Finanzplaner. Er sagte einmal: "Öffne mir dein Konto und ich sage dir, was dir wichtig ist." Das Gleiche gilt für unsere Zeit. Sagen Sie mir, womit Sie Ihre Zeit verbringen und ich sagen Ihnen, was Ihnen wichtig ist. Meistens sind Zeit und Geld gute Indikatoren der Wahrheit. Falls Sie keine Zeit und kein Geld für die Familie haben, können Sie mir nicht sagen, sie sei Ihnen wichtig. Wenn Sie keine Zeit und kein Geld für Gott oder Ihre dritte Ebene haben, können Sie mir nicht sagen, Er oder sie sei Ihnen wichtig. Wenn Sie keine Zeit und Geld für Bücher, Kassetten und Seminare ausgeben, um Meisterschaft zu erlangen, dann kann es Ihnen nicht wichtig sein.

Sind Sie bereit, das Material aus diesem Buch die nächsten 20 Jahre in Ihrem Leben zu studieren? Wenn nicht, wollen Sie kein Meister sein - vielleicht eine wandelnde Enzyklopädie, die so klingt, als kennte sie das Spiel; aber es ist nur hohles Geschwätz. Man kann die Dinge am besten anhand ihrer Ergebnisse einschätzen; das ist vielleicht hart, aber immer fair.

Leben Sie wie ein Adler. Entscheiden Sie sich dafür, denn dann haben Sie die Freiheit, das zu tun, was Sie tun wollen, dorthin zu gehen, wo Sie hinwollen und das zu sein, was Sie sein wollen. Das ist ein gefährlicheres Leben als das einer Auster. Die Umstände sind wechselhafter. Es gibt mehr Ablehnung. Die Auster hat ein ziemlich sicheres Leben, aber wenig Freiheit - und sie lebt von den Resten anderer Tiere. Der Adler versagt bei 60 bis 70% seiner Sturzflüge. Aber letztlich erwischt er seine Beute immer, weil er ausdauernd ist und weiter macht, bis er hat, was er will. Er genießt die Freiheit der Lüfte. Und er ist weitsichtig - er kann einen Cent sogar noch aus der Entfernung von einem Kilometer sehen.

Wollen Sie Auster oder Adler sein? Wenn Sie Adler sind und das Wissen dieses Buches anwenden wollen, dann folgen Sie dem nachfolgenden HANDLUNGSPLAN.

Nehmen Sie sich eine Idee pro Woche vor: Ein Kapitel dieses Buches. Lesen Sie an jedem Wochentag das gleiche Kapitel. Wenden Sie das entsprechende Konzept mindestens ein Mal täglich an. Planen Sie das im Voraus. Am Ende der Woche wenden Sie sich dem nächsten Kapitel und der nächsten Idee zu. Fürs Lesen brauchen Sie vielleicht 20 Minuten täglich, für die Anwendung etwas mehr. Sie brauchen etwa 2 Monate, um das Buch auf diese Weise durchzuarbeiten. Dann fangen Sie aufs Neue an.

Bekommt man Muskeln, indem man anderen beim Gewichtheben zuschaut? Nein, natürlich nicht. Es tut Ihnen kaum gut, mir nur zuzusehen. Trainieren Sie selbst. Wenn Sie Ihren Körper in Form bringen wollen, brauchen Sie mehr als eine halbe Stunde täglich und mehr als drei Monate. Fitness ist eine Lebensaufgabe. Das gleiche gilt auf geistigem Gebiet. Die Frage ist nun: Machen Sie's?

Alles fängt mit einer Selbstverpflichtung an. Werden Sie sich dazu verpflichten, dem Plan die nächsten 90 Tage zu folgen? Wenn Sie es tun und vollbracht haben, schicken Sie uns Ihren Namen und Ihre Adresse. Berichten Sie uns, dass Sie das 90 Tageprogramm absolviert haben und legen Sie einen internationalen Antwortschein über 2,50 Dollar für Versandkosten bei. Wir verlassen uns dabei ganz auf Ihre Integrität. Wir schicken Ihnen gratis eine Kassette, die im Handel 10 Dollar wert ist - das ist unser Dankeschön an Sie.

Die weltweite Notwendigkeit für Führungspersönlichkeiten

1. 50 % der Weltbevölkerung verfügt nicht über sauberes Trinkwasser
2. 20 % der Weltbevölkerung hat kein Dach über dem Kopf
3. 33 % der Weltbevölkerung geht hungrig schlafen
4. 3 % der Weltbevölkerung stirbt jährlich an Hungersnot
5. 70 % der Weltbevölkerung kann nicht lesen
6. Nur 1 % der Weltbevölkerung hat eine höhere Bildung genossen

Es braucht nicht so zu sein. Es ist jetzt an der Zeit daran zu arbeiten, selbst zu einer Führungskraft zu werden.

Buchempfehlungen

Ein Jahr lang ein Buch pro Monat

Reichtum kann man lernen – Robert Kiyosaki

Denke nach und werde reich – Napoleon Hill

Der Beste Networker der Welt – John Milton Fogg

Die Mäusestrategie für Manager - Spenser Johnson

Die 7 Wege zur Effektivität – Steven Covey

Das Geheimnis der Taschenlady – Sandy Elsberg

Wie man Freunde gewinnt – Dale Carnegie

You Inc. - Seien Sie Ihr eigener Geschäftsführer – Burk Hedges

Denken Sie GROSS - Schwartz

Die Bibel
oder
Ihre eigenen Heiligen Schriften

Weitere Network Marketing Publikationen

Das Buch mit dem eine »REVOLUTION« begann

Diese Buch hat das Leben von Millionen Menschen verändert!

Wird es auch Ihres Verändern?